Classiques & Patrimoine

Jean Racine

Britannicus

Appareil pédagogique par

Estelle Provost

professeur de Lettres

Lexique établi par

Christine Girodias-Majeune

MAGNARD

Présentation : l'auteur, l'œuvre et son contexte

Britannicus
de Jean Racine

Étude de l'œuvre : séances

Sommaire

Présentation : l'auteur, l'œuvre et son contexte

Jean Racine
(1639-1699)

Jean Racine est associé au XVIIe siècle classique et au genre de la tragédie considéré alors comme le plus noble des genres littéraires.

Né en 1639, dans une modeste famille de la petite bourgeoisie, orphelin à trois ans, il bénéficie, grâce à l'appui de sa grand-mère paternelle, d'une formation solide et exigeante dispensée par les jansénistes de Port-Royal. Nourri de lectures bibliques et familiarisé avec les classiques grecs et latins, il est aussi influencé par la vision janséniste de l'homme, conçu comme une créature déchue, soumise à des passions violentes qui le coupent de Dieu. Malgré le rejet du théâtre – vecteur d'illusion et de passion – par ceux-là mêmes qui l'ont formé, Racine choisit de composer des tragédies. Après plusieurs échecs qui l'ont amené à quitter un temps Paris pour Uzès, il obtient enfin une forme de reconnaissance grâce à des odes et, fort de l'appui du comte de Saint-Aignan, il bénéficie finalement d'une gratification royale en 1664. Cette même année est jouée sa première pièce, *La Thébaïde*. De 1667 à 1677, Racine triomphe et enchaîne les succès. C'est le cas d'*Andromaque*, en 1667, qui lui vaut aussi une série d'attaques et de cabales, dirigées en particulier par les partisans de Corneille. Les querelles et affrontements entre partisans et opposants se multiplient, ce qui explique peut-être en partie sa décision, en 1677, après *Phèdre*, de se retirer de la vie littéraire. Il devient historiographe du Roi-Soleil, charge ô combien honorifique et rémunératrice. C'est à la demande de Mme de Maintenon, en 1688, qu'il revient brièvement au théâtre avec deux pièces d'inspiration religieuse : *Esther* et *Athalie*. Il meurt en 1699 après avoir pris ses dispositions pour être enterré à Port-Royal.

Racine fait réciter sa tragédie *Esther* par les demoiselles de Saint-Cyr devant Louis XIV et Mme de Maintenon. Gravure, XIXe siècle, Magnyles-Hameaux, musée de Port-Royal des Champs.

Présentation : l'auteur, l'œuvre et son contexte

Britannicus (1669)

L'histoire romaine

C'est dans l'œuvre de Tacite (*Annales*) que Racine a trouvé le matériau de sa tragédie. L'action de *Britannicus* se situe au Ier siècle après Jésus-Christ. Néron, devenu empereur à dix-sept ans, entend se libérer du joug exercé par sa mère, Agrippine, quatrième épouse de Claude, devenu père adoptif de Néron, qu'il désigne – sous l'influence de sa femme – comme son successeur, au détriment de son propre fils, Britannicus. Néron accède ainsi au trône en l'an 54, suite au décès de Claude, assassiné par Agrippine. L'empoisonnement de Britannicus initie un règne synonyme de terreur et de décadence qui compose la légende de Néron.

L'œuvre

Quand la pièce s'ouvre, Agrippine est en proie à une vive inquiétude dont elle révèle les motifs à sa confidente, Albine. Néron se dérobe à elle et c'est par l'intermédiaire de Burrhus, le gouverneur de Néron, qu'elle apprend l'enlèvement de Junie, amante de Britannicus. Ce dernier est l'héritier légitime de Claude, qu'elle est parvenue à évincer au profit de son propre fils. Britannicus entre en scène, ému et horrifié par la nouvelle. Au conflit politique se mêle dès lors la rivalité amoureuse…

François Chauveau, *L'Empoisonnement de Britannicus*,
réalisé pour l'édition de 1675 de *Britannicus* de Jean Racine.

Présentation : l'auteur, l'œuvre et son contexte

Le contexte historique et culturel

Le théâtre, au XVIIe siècle, est intimement lié au pouvoir dont il dépend. Le roi voit dans le genre dramatique l'un des moyens d'imposer le goût classique et de célébrer sa propre gloire. Il faut donc plaire si l'on veut obtenir rentes, charges et privilèges. Le monde du théâtre est synonyme de concurrence et de

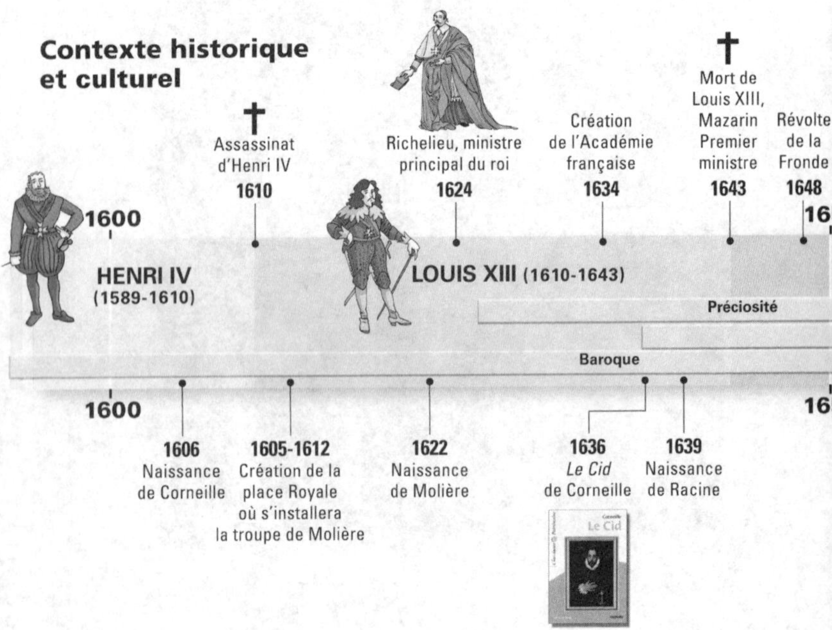

cabales. La représentation de *Britannicus*, en 1669, n'échappe pas à la règle. Les attaques sont nombreuses mais la pièce bénéficie cependant d'un accueil favorable à la Cour, ce qui compense son succès, plus que relatif, à la ville et sur la scène de l'Hôtel de Bourgogne. L'année suivante voit le triomphe de Racine qui, avec sa *Bérénice*, éclipse la pièce de Corneille *Tite et Bérénice*.

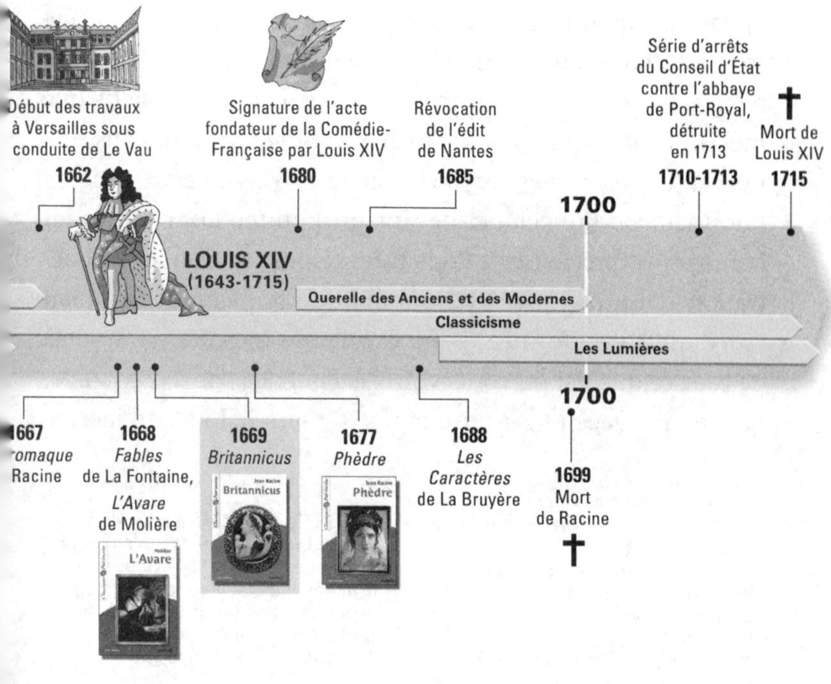

À Monseigneur[1] le duc de Chevreuse[2]

MONSEIGNEUR,

Vous serez peut-être étonné de voir votre nom à la tête de cet ouvrage ; et si je vous avais demandé la permission de vous l'offrir, je doute si je l'aurais obtenue. Mais ce serait être en quelque sorte ingrat que de cacher plus longtemps au monde les bontés dont vous m'avez toujours honoré. Quelle apparence qu'un homme qui ne travaille que pour la gloire se puisse taire d'une protection aussi glorieuse que la vôtre ? Non, MONSEIGNEUR, il m'est trop avantageux que l'on sache que mes amis mêmes ne vous sont pas indifférents, que vous prenez part à tous mes ouvrages, et que vous m'avez procuré l'honneur de lire celui-ci devant un homme dont toutes les heures sont précieuses[3]. Vous fûtes témoin avec quelle pénétration d'esprit il jugea l'économie[4] de la pièce, et combien l'idée qu'il s'est formée d'une excellente tragédie est au-delà de tout ce que j'ai pu concevoir. Ne craignez pas, MONSEIGNEUR, que je m'engage plus avant, et que n'osant le louer en face, je

Vocabulaire et noms propres

1. *Monseigneur* : titre honorifique sous l'Ancien Régime.

2. *Duc de Chevreuse* : ancien élève de Port-Royal (comme Racine), gendre de Colbert et conseiller privé de Louis XIV.

3. *Un homme dont toutes les heures sont précieuses* : périphrase désignant Colbert, le beau-père du duc de Chevreuse, qui met en œuvre la politique culturelle de Louis XIV et développe le mécénat d'État. Racine bénéficie régulièrement de gratifications royales, comme de nombreux auteurs.

4. *L'économie* : la composition.

m'adresse à vous pour le louer avec plus de liberté. Je sais qu'il serait dangereux de le fatiguer de ses louanges, et j'ose dire que cette même modestie, qui vous est commune avec lui, n'est pas un des moindres liens qui vous attachent l'un à l'autre. La modération n'est qu'une vertu ordinaire quand elle ne se rencontre qu'avec des qualités ordinaires. Mais qu'avec toutes les qualités et du cœur et de l'esprit, qu'avec un jugement qui, ce semble, ne devrait être le fruit que de l'expérience de plusieurs années, qu'avec mille belles connaissances que vous ne sauriez cacher à vos amis particuliers, vous ayez encore cette sage retenue que tout le monde admire en vous, c'est sans doute une vertu rare en un siècle où l'on fait vanité des moindres choses. Mais je me laisse emporter insensiblement à la tentation de parler de vous ; il faut qu'elle soit bien violente, puisque je n'ai pu y résister dans une lettre où je n'avais autre dessein que de vous témoigner avec combien de respect je suis,

MONSEIGNEUR,

Votre très humble et très obéissant serviteur,
RACINE.

Première préface[1] (1670)

De tous les ouvrages que j'ai donnés au public, il n'y en a point qui m'ait attiré plus d'applaudissements ni plus de censeurs que celui-ci. Quelque soin que j'aie pris pour travailler cette tragédie, il semble qu'autant que je me suis efforcé de la rendre bonne, autant de certaines gens se sont efforcés de la décrier. Il n'y a point de cabale[2] qu'ils n'aient faite, point de critique dont ils ne se soient avisés. Il y en a qui ont pris même le parti de Néron contre moi. Ils ont dit que je le faisais trop cruel. Pour moi, je croyais que le nom seul de Néron faisait entendre quelque chose de plus que cruel. Mais peut-être qu'ils raffinent sur son histoire, et veulent dire qu'il était honnête homme dans ses premières années. Il ne faut qu'avoir lu Tacite[3] pour savoir que, s'il a été quelque temps un bon empereur, il a toujours été un très méchant homme. Il ne s'agit point dans ma tragédie des affaires du dehors. Néron est ici dans son particulier et dans sa famille, et ils me dispenseront de leur rapporter tous les passages qui pourraient aisément leur prouver que je n'ai point de réparation à lui faire.

Vocabulaire, références et nom propre

1. *Première préface* : cette préface, qui accompagnait la première édition, est conçue comme une réponse aux attaques des partisans de Corneille, à l'origine d'une véritable cabale au moment de la première représentation de *Britannicus*.

2. *Cabale* : ici, complot organisé pour nuire à la réputation d'un auteur.

3. *Tacite* : historien latin (v. 55-120 apr. J.-C.) qui, avec ses *Annales*, constitue la source majeure pour *Britannicus*.

D'autres ont dit, au contraire, que je l'avais fait trop bon. J'avoue que je ne m'étais pas formé l'idée d'un bon homme en la personne de Néron. Je l'ai toujours regardé comme un monstre. Mais c'est ici un monstre naissant. Il n'a pas encore mis le feu à Rome, il n'a pas encore tué sa mère, sa femme, ses gouverneurs : à cela près, il me semble qu'il lui échappe assez de cruautés pour empêcher que personne ne le méconnaisse. Quelques-uns ont pris l'intérêt de Narcisse, et se sont plaints que j'en eusse fait un très méchant homme et le confident de Néron. Il suffit d'un passage pour leur répondre. « Néron, dit Tacite, porta impatiemment la mort de Narcisse, parce que cet affranchi avait une conformité merveilleuse avec les vices du prince encore cachés : *Cujus abditis adhuc vitiis mire congruebat*[1]. »

Les autres se sont scandalisés que j'eusse choisi un homme aussi jeune que Britannicus pour le héros d'une tragédie. Je leur ai déclaré, dans la préface d'Andromaque, le sentiment d'Aristote[2] sur le héros de la tragédie, et que bien loin d'être parfait, il faut toujours qu'il ait quelque imperfection. Mais je leur dirai encore ici qu'un jeune prince de dix-sept ans[3] qui a beaucoup de cœur, beaucoup d'amour, beaucoup de franchise et beaucoup de crédulité, qualités ordinaires d'un jeune

Vocabulaire, traduction, citation et nom propre

1. *Cujus abditis adhuc vitiis mire congruebat* : phrase extraite des *Annales* (XIII, 1) de Tacite, traduite par Racine dans la phrase précédente.
2. *Aristote* : philosophe grec (384-322 av. J.-C.), auteur de l'ouvrage intitulé *Poétique* qui constitue une source d'inspiration essentielle, en matière de codification, pour les dramaturges du XVIIe siècle.
3. *Dix-sept ans* : Racine évoque ici l'âge de son héros et non celui du Britannicus historique qui avait en fait quatorze ans, comme il le précise à la ligne 43.

homme, m'a semblé très capable d'exciter la compassion. Je n'en veux pas davantage.

« Mais, disent-ils, ce prince n'entrait que dans sa quinzième année lorsqu'il mourut. On le fait vivre, lui et Narcisse, deux ans plus qu'ils n'ont vécu. » Je n'aurais point parlé de cette objection, si elle n'avait été faite avec chaleur par un homme qui s'est donné la liberté de faire régner vingt ans un empereur qui n'en a régné que huit, quoique ce changement soit bien plus considérable dans la chronologie, où l'on suppute les temps par les années des empereurs.

Junie ne manque pas non plus de censeurs. Ils disent que d'une vieille coquette, nommée Junia Silana[1], j'en ai fait une jeune fille très sage. Qu'auraient-ils à me répondre, si je leur disais que cette Junie est un personnage inventé, comme l'Émilie de *Cinna*, comme la Sabine d'*Horace*[2] ? Mais j'ai à leur dire que, s'ils avaient bien lu l'histoire, ils auraient trouvé une Junia Calvina, de la famille d'Auguste, sœur de Silanus, à qui Claudius avait promis Octavie. Cette Junie était jeune, belle, et, comme dit Sénèque : *festivissima omnium puellarum*[3]. Elle aimait tendrement son frère, « et leurs ennemis, dit Tacite, les accusèrent tous deux d'inceste, quoiqu'ils ne fussent coupables que d'un peu d'indiscrétion. »[4] Si je la pré-

Traduction, citations et noms propres

1. *Junia Silana* : proche d'Agrippine, qui se retourna ensuite contre elle en l'accusant de comploter contre Néron.

2. *Cinna*, *Horace* : tragédies de Corneille. Tout comme ce dernier, avec lequel il est en concurrence, Racine revendique sa liberté par rapport à l'Histoire.

3. *Festivissima omnium puellarum* : « la plus séduisante de toutes les jeunes filles » (Sénèque, *Apocoloquintose*, VIII).

4. *Et leurs ennemis [...] indiscrétion* : Tacite, *Annales* (XII, 4).

sente plus retenue qu'elle n'était, je n'ai pas ouï dire qu'il nous fût défendu de rectifier les mœurs d'un personnage, surtout lorsqu'il n'est pas connu.

L'on trouve étrange qu'elle paraisse sur le théâtre après la mort de Britannicus. Certainement la délicatesse est grande de ne pas vouloir qu'elle dise en quatre vers assez touchants qu'elle passe chez Octavie[1]. « Mais, disent-ils, cela ne valait pas la peine de la faire revenir, un autre l'aurait pu raconter pour elle. » Ils ne savent pas qu'une des règles du théâtre est de ne mettre en récit que les choses qui ne se peuvent passer en action, et que tous les Anciens[2] font venir souvent sur la scène des acteurs qui n'ont autre chose à dire, sinon qu'ils viennent d'un endroit, et qu'ils s'en retournent à un autre.

« Tout cela est inutile, disent mes censeurs. La pièce est finie au récit de la mort de Britannicus, et l'on ne devrait point écouter le reste. » On l'écoute pourtant, et même avec autant d'attention qu'aucune fin de tragédie. Pour moi, j'ai toujours compris que la tragédie étant l'imitation d'une action complète, où plusieurs personnes concourent, cette action n'est point finie que l'on ne sache en quelle situation elle laisse ces mêmes personnes. C'est ainsi que Sophocle en use presque partout. C'est ainsi que dans l'*Antigone* il emploie autant de vers à représenter la fureur d'Hémon et la punition de Créon après la mort de cette princesse, que j'en ai employé aux imprécations d'Agrippine, à la retraite de Junie, à la puni-

Vocabulaire et références

1. *Chez Octavie* : Racine supprimera, pour la seconde édition, cette scène à laquelle il fait allusion.

2. *Anciens* : dramaturges de l'Antiquité grecque qui constituent, pour les classiques, des modèles.

tion de Narcisse, et au désespoir de Néron, après la mort de Britannicus.

Que faudrait-il faire pour contenter des juges si difficiles ? La chose serait aisée, pour peu qu'on voulût trahir le bon sens. Il ne faudrait que s'écarter du naturel pour se jeter dans l'extraordinaire. Au lieu d'une action simple, chargée de peu de matière, telle que doit être une action qui se passe en un seul jour, et qui, s'avançant par degrés vers sa fin, n'est soutenue que par les intérêts, les sentiments et les passions des personnages, il faudrait remplir cette même action de quantité d'incidents qui ne se pourraient passer qu'en un mois, d'un grand nombre de jeux de théâtre d'autant plus surprenants qu'ils seraient moins vraisemblables, d'une infinité de déclamations où l'on ferait dire aux acteurs tout le contraire de ce qu'ils devraient dire. Il faudrait, par exemple, représenter quelque héros ivre, qui se voudrait faire haïr de sa maîtresse de gaieté de cœur, un Lacédémonien grand parleur, un conquérant qui ne débiterait que des maximes d'amour, une femme qui donnerait des leçons de fierté à des conquérants[1]. Voilà sans doute de quoi faire récrier tous ces messieurs. Mais que dirait cependant le petit nombre de gens sages auxquels je m'efforce de plaire ? De quel front oserais-je me montrer, pour ainsi dire, aux yeux de ces grands hommes de l'Antiquité que j'ai choisis pour modèles ? Car, pour me servir de la pensée d'un

Références

1. *Il faudrait [...] conquérants* : énumération faisant allusion de façon caricaturale à quatre pièces de Corneille, *Attila*, *Agésilas*, *Sertorius* et *Sophonisbe*.

Ancien[1], voilà les véritables spectateurs que nous devons nous proposer ; et nous devons sans cesse nous demander : « Que diraient Homère et Virgile s'ils lisaient ces vers ? Que dirait Sophocle s'il voyait représenter cette scène ? » Quoi qu'il en soit, je n'ai point prétendu empêcher qu'on ne parlât contre mes ouvrages ; je l'aurais prétendu inutilement : *« Quid de te alii loquantur ipsi videant,* dit Cicéron, *sed loquentur tamen. »*[2]

Je prie seulement le lecteur de me pardonner cette petite préface que j'ai faite pour lui rendre raison de ma tragédie. Il n'y a rien de plus naturel que de se défendre quand on se croit injustement attaqué. Je vois que Térence même semble n'avoir fait des prologues que pour se justifier contre les critiques d'un vieux poète malintentionné, *malevoli veteris poetae*[3], et qui venait briguer des voix contre lui jusqu'aux heures où l'on représentait ses comédies.

Occepta est agi :
Exclamat, etc.[4]

On me pouvait faire une difficulté qu'on ne m'a point faite. Mais ce qui est échappé aux spectateurs pourra être remarqué

Traductions, citations et nom propre

1. *Ancien* : Longin (213-273 apr. J.-C.), philosophe et rhéteur grec, auteur du *Traité du sublime* traduit par Boileau en 1674.

2. *Quid de te alii loquantur ipsi videant, sed loquentur tamen* : « Ce que les autres diront de toi ne concerne qu'eux-mêmes, mais ils n'en parleront pas moins » (Cicéron, *De la république*, VI, 16).

3. *Malevoli veteris poetae* : « d'un vieux poète malintentionné », comme vient de le traduire Racine. Il s'agit de Luscius de Lanuvium, rival de Térence. Possible allusion à Corneille.

4. *Occepta est agi : / Exclamat, etc.* : « On a commencé à jouer la pièce : il s'écrie, etc. » (Térence, *L'Eunuque*, prologue). Là encore, c'est Corneille qui est visé.

par les lecteurs. C'est que je fais entrer Junie dans les vestales, où, selon Aulu-Gelle[1], on ne recevait personne au-dessous de six ans, ni au-dessus de dix. Mais le peuple prend ici Junie sous sa protection, et j'ai cru qu'en considération de sa naissance, de sa vertu et de son malheur, il pouvait la dispenser de l'âge prescrit par les lois, comme il a dispensé de l'âge pour le consulat tant de grands hommes qui avaient mérité ce privilège.

Enfin, je suis très persuadé qu'on me peut faire bien d'autres critiques, sur lesquelles je n'aurais d'autre parti à prendre que celui d'en profiter à l'avenir. Mais je plains fort le malheur d'un homme qui travaille pour le public. Ceux qui voient le mieux nos défauts sont ceux qui les dissimulent le plus volontiers : ils nous pardonnent les endroits qui leur ont déplu, en faveur de ceux qui leur ont donné du plaisir. Il n'y a rien, au contraire, de plus injuste qu'un ignorant, il croit toujours que l'admiration est le partage des gens qui ne savent rien, il condamne toute une pièce pour une scène qu'il n'approuve pas, il s'attaque même aux endroits les plus éclatants, pour faire croire qu'il a de l'esprit, et pour peu que nous résistions à ses sentiments, il nous traite de présomptueux qui ne veulent croire personne, et ne songe pas qu'il tire quelquefois plus de vanité d'une critique fort mauvaise, que nous n'en tirons d'une assez bonne pièce de théâtre.

Homine imperito nunquam quidquam injustius[2].

Traduction, citation et nom propre

1. *Aulu-Gelle* : érudit latin (130-180 apr. J.-C.).
2. *Homine imperito numquam quidquam injustius* : « Il n'est personne de plus injuste qu'un ignorant » (Térence, *Les Adelphes*, v. 99).

Seconde préface[1] (1676-1697)

Voici celle de mes tragédies que je puis dire que j'ai le plus travaillée. Cependant j'avoue que le succès ne répondit pas d'abord à mes espérances. À peine elle parut sur le théâtre, qu'il s'éleva quantité de critiques qui semblaient la devoir détruire. Je crus moi-même que sa destinée serait à l'avenir moins heureuse que celle de mes autres tragédies. Mais enfin il est arrivé de cette pièce ce qui arrivera toujours des ouvrages qui auront quelque bonté : les critiques se sont évanouies, la pièce est demeurée. C'est maintenant celle des miennes que la cour et le public revoient le plus volontiers. Et si j'ai fait quelque chose de solide, et qui mérite quelque louange, la plupart des connaisseurs demeurent d'accord que c'est ce même Britannicus.

À la vérité, j'avais travaillé sur des modèles qui m'avaient extrêmement soutenu dans la peinture que je voulais faire de la cour d'Agrippine et de Néron. J'avais copié mes personnages d'après le plus grand peintre de l'Antiquité, je veux dire d'après Tacite, et j'étais alors si rempli de la lecture de cet excellent historien, qu'il n'y a presque pas un trait éclatant dans ma tragédie, dont il ne m'ait donné l'idée. J'avais voulu mettre dans ce recueil un extrait des plus beaux endroits que j'ai tâché d'imiter ; mais j'ai

Références

1. *Seconde préface* : rédigée à l'occasion de la deuxième édition de 1675-1676. Elle se substitue à la précédente pour les éditions suivantes. Les allusions acerbes à l'œuvre de Corneille ont disparu.

trouvé que cet extrait tiendrait presque autant de place que la tragédie. Ainsi le lecteur trouvera bon que je le renvoie à cet auteur, qui aussi bien est entre les mains de tout le monde ; et je me contenterai de rapporter ici quelques-uns de ses passages sur chacun des personnages que j'introduis sur la scène.

Pour commencer par Néron, il faut se souvenir qu'il est ici dans les premières années de son règne, qui ont été heureuses, comme l'on sait. Ainsi, il ne m'a pas été permis de le représenter aussi méchant qu'il l'a été depuis. Je ne le représente pas non plus comme un homme vertueux, car il ne l'a jamais été. Il n'a pas encore tué sa mère, sa femme, ses gouverneurs ; mais il a en lui les semences de tous ces crimes. Il commence à vouloir secouer le joug ; il les hait les uns et les autres, et il leur cache sa haine sous de fausses caresses : *factus natura velare odium fallacibus blanditiis*[1]. En un mot, c'est ici un monstre naissant, mais qui n'ose encore se déclarer, et qui cherche des couleurs à[2] ses méchantes actions : *Hactenus Nero flagitiis et sceleribus velamenta quoesivit*[3]. Il ne pouvait souffrir Octavie, princesse d'une bonté et d'une vertu exemplaires : *fato quodam, an quia proevalent illicita ; metuebaturque ne in stupra feminarum illustrium prorumperet*[4].

Vocabulaire, traductions et citations

1. *Factus natura velare odium fallacibus blanditiis* : « Naturellement porté à cacher sa haine sous de fallacieuses caresses » (Tacite, *Annales*, XIV, 56).

2. *Cherche des couleurs à* : tente de dissimuler.

3. *Hactenus Nero flagitiis et sceleribus velamenta quoesivit* : « Jusqu'à ce moment, Néron tenta de dissimuler ses infamies et ses crimes » (Tacite, *Annales*, XIII, 47).

4. *Fato quodam […] prorumperet* : « par une espèce de fatalité ou parce que les choses interdites ont plus de valeur ; et l'on redoutait qu'il ne déshonorât des femmes appartenant à d'illustres familles » (Tacite, *Annales*, XIII, 12).

Je lui donne Narcisse pour confident. J'ai suivi en cela Tacite, qui dit que « Néron porta impatiemment la mort de Narcisse, parce que cet affranchi avait une conformité merveilleuse avec les vices du prince encore cachés » : *Cujus abditis adhuc vitiis mire congruebat*[1]. Ce passage prouve deux choses : il prouve et que Néron était déjà vicieux, mais qu'il dissimulait ses vices, et que Narcisse l'entretenait dans ses mauvaises inclinations. J'ai choisi Burrhus pour opposer un honnête homme à cette peste de cour ; et je l'ai choisi plutôt que Sénèque. En voici la raison : ils étaient tous deux gouverneurs de la jeunesse de Néron, l'un pour les armes, et l'autre pour les lettres. Et ils étaient fameux, Burrhus pour son expérience dans les armes et pour la sévérité de ses mœurs, *militaribus curis et severitate morum*[2] ; Sénèque pour son éloquence et le tour agréable de son esprit, *Seneca praeceptis eloquentiae et comitate honesta*[3]. Burrhus, après sa mort, fut extrêmement regretté à cause de sa vertu : *Civitati grande desiderium ejus mansit per memoriam virtutis*[4].

Toute leur peine était de résister à l'orgueil et à la férocité d'Agrippine, *quae cunctis malae dominationis cupidinibus flagrans, habebat in partibus Pallantem*[5]. Je ne dis que ce mot d'Agrippine, car il y aurait trop de choses à en dire. C'est

Traductions et citations

1. *Cujus abditis adhuc vitiis mire congruebat* : traduit juste au-dessus par Racine.
2. *Militaribus curis et severitate morum* : traduit juste au-dessus par Racine.
3. *Seneca praeceptis eloquentiae et comitate honesta* : traduit juste au-dessus par Racine.
4. *Civitati [...] virtutis* : « La cité le regretta beaucoup et longtemps, en mémoire de sa vertu » (Tacite, *Annales*, XIV, 51).
5. *Quae cunctis [...] Pallantem* : « qui, brûlant de tous les désirs d'une domination funeste, avait pour elle Pallas » (Tacite, *Annales*, XIII, 2).

elle que je me suis surtout efforcé de bien exprimer, et ma tragédie n'est pas moins la disgrâce d'Agrippine que la mort de Britannicus. Cette mort fut un coup de foudre pour elle ; et « il parut, dit Tacite, par sa frayeur et par sa consternation, qu'elle était aussi innocente de cette mort qu'Octavie. Agrippine perdait en lui sa dernière espérance, et ce crime lui en faisait craindre un plus grand. » *Sibi supremum auxilium ereptum, et parricidii exemplum intelligebat*[1].

L'âge de Britannicus était si connu, qu'il ne m'a pas été permis de le représenter autrement que comme un jeune prince qui avait beaucoup de cœur, beaucoup d'amour et beaucoup de franchise, qualités ordinaires d'un jeune homme. Il avait quinze ans, et on dit qu'il avait beaucoup d'esprit, soit qu'on dise vrai, ou que ses malheurs aient fait croire cela de lui, sans qu'il ait pu en donner des marques : *Neque segnem ei fuisse indolem ferunt ; sive verum, seu periculis commendatus retinuit famam sine experimento*[2].

Il ne faut pas s'étonner s'il n'a auprès de lui qu'un aussi méchant homme que Narcisse, « car il y avait longtemps qu'on avait donné ordre qu'il n'y eût auprès de Britannicus que des gens qui n'eussent ni foi ni honneur » : *Nam ut proximus quisque Britannico, neque fas neque fidem pensi haberet, olim provisum erat*[3].

Traductions et citations

1. *Sibi [...] intelligebat* : « Elle comprenait qu'elle avait perdu son dernier secours, et que la voie du parricide était ouverte » (Tacite, *Annales*, XIII, 16).
2. *Neque [...] experimento* : traduit juste au-dessus par Racine (Tacite, *Annales*, XII, 26).
3. *Nam ut [...] erat* : traduit juste au-dessus par Racine (Tacite, *Annales*, XIII, 15).

Il me reste à parler de Junie. Il ne la faut pas confondre avec une vieille coquette qui s'appelait Junia Silana. C'est ici une autre Junie, que Tacite appelle Junia Calvina, de la famille d'Auguste, sœur de Silanus, à qui Claudius avait promis Octavie. Cette Junie était jeune, belle, et, comme dit Sénèque, *festivissima omnium puellarum*[1]. « Son frère et elle s'aimaient tendrement, et leurs ennemis, dit Tacite, les accusèrent tous deux d'inceste, quoiqu'ils ne fussent coupables que d'un peu d'indiscrétion. » Elle vécut jusqu'au règne de Vespasien.

Je la fais entrer dans les vestales, quoique, selon Aulu-Gelle, on n'y reçût jamais personne au-dessous de six ans ni au-dessus de dix. Mais le peuple prend ici Junie sous sa protection. Et j'ai cru qu'en considération de sa naissance, de sa vertu et de son malheur, il pouvait la dispenser de l'âge prescrit par les lois, comme il a dispensé de l'âge pour le consulat tant de grands hommes qui avaient mérité ce privilège.

Traduction et citation

1. *Festivissima omnium puellarum* : « la plus séduisante de toutes les jeunes filles ».

PERSONNAGES

NÉRON : empereur, fils d'Agrippine

BRITANNICUS : fils de l'empereur Claudius

AGRIPPINE : veuve de Domitius Enobarbus, père de Néron, et, en secondes noces, veuve de l'empereur Claudius

JUNIE : amante de Britannicus

BURRHUS : gouverneur[1] de Néron

NARCISSE : gouverneur de Britannicus

ALBINE : confidente d'Agrippine

GARDES

La scène est à Rome, dans une chambre[2] du palais de Néron.

Vocabulaire

1. *Gouverneur* : précepteur, éducateur.

2. *Chambre* : antichambre, au seuil des appartements de Néron. Il s'agit du lieu tragique par excellence, comme le souligne Roland Barthes dans *Sur Racine*.

Acte I

Scène 1

AGRIPPINE, ALBINE

ALBINE

Quoi ? tandis que Néron s'abandonne au sommeil,
Faut-il que vous veniez attendre son réveil ?
Qu'errant dans le palais sans suite et sans escorte,
La mère de César[1] veille seule à sa porte ?
Madame, retournez dans votre appartement.

AGRIPPINE

Albine, il ne faut pas s'éloigner un moment.
Je veux l'attendre ici. Les chagrins qu'il me cause
M'occuperont assez tout le temps qu'il repose.
Tout ce que j'ai prédit n'est que trop assuré :
Contre Bricannicus Néron s'est déclaré.
L'impatient Néron cesse de se contraindre ;
Las de se faire aimer, il veut se faire craindre.
Britannicus le gêne, Albine ; et, chaque jour.
Je sens que je deviens importune à mon tour.

ALBINE

Quoi ? vous à qui Néron doit le jour qu'il respire ?
Qui l'avez appelé de si loin à l'empire ?

Nom propre
1. *César* : il s'agit de Néron. Depuis le règne d'Auguste, successeur de César, tous les empereurs portent ce titre.

Vous qui, desheritant le fils de Claudius[1],
Avez nommé César l'heureux Domitius[2] ?
Tout lui parle, Madame, en faveur d'Agrippine.
Il vous doit son amour.

AGRIPPINE

Il me le doit, Albine.
Tout, s'il est généreux, lui prescrit cette loi ;
Mais tout, s'il est ingrat, lui parle contre moi.

ALBINE

S'il est ingrat, Madame ? Ah ! toute sa conduite
Marque dans son devoir une âme trop instruite.
Depuis trois ans entiers, qu'a-t-il dit, qu'a-t-il fait
Qui ne promette à Rome un empereur parfait ?
Rome, depuis deux ans, par ses soins gouvernée,
Au temps de ses consuls[3] croit être retournée :
Il la gouverne en père. Enfin, Néron naissant
A toutes les vertus d'Auguste vieillissant[4].

AGRIPPINE

Non, non, mon intérêt ne me rend point injuste :
Il commence, il est vrai, par où finit Auguste ;

Vocabulaire et noms propres

1. *Le fils de Claudius* : Britannicus, fils de Claude et de Messaline, sa troisième épouse.

2. *Domitius* : vrai nom de Néron. C'était le nom de la famille de son père : les Domitius Ænobarbus. Après son adoption par Claude, il fut autorisé à porter le nom de la famille de sa mère, les Nérons (Tacite, *Annales*, XII, XXV-XXVI).

3. *Temps de ses consuls* : période de la République représentant une forme d'idéal politique.

4. *Auguste vieillissant* : petit-neveu et fils adoptif de César qui n'avait pas de descendance légitime. Après son accès au pouvoir par la violence, Auguste règne avec une modération devenue exemplaire.

Mais crains que l'avenir détruisant le passé,
Il ne finisse ainsi qu'Auguste a commencé.
Il se déguise en vain : je lis sur son visage
Des fiers Domitius l'humeur triste et sauvage ;
Il mêle avec l'orgueil qu'il a pris dans leur sang
La fierté des Nérons[1] qu'il puisa dans mon flanc.
Toujours la tyrannie a d'heureuses prémices :
De Rome, pour un temps, Caïus[2] fut les délices ;
Mais sa feinte bonté se tournant en fureur,
Les délices de Rome en devinrent l'horreur.
Que m'importe, après tout, que Néron, plus fidèle,
D'une longue vertu laisse un jour le modèle ?
Ai-je mis dans sa main le timon[3] de l'État
Pour le conduire au gré du peuple et du sénat ?
Ah ! que de la patrie il soit, s'il veut, le père[4] ;
Mais qu'il songe un peu plus qu'Agrippine est sa mère.
De quel nom cependant pouvons-nous appeler
L'attentat[5] que le jour vient de nous révéler ?
Il sait, car leur amour ne peut être ignorée[6],
Que de Britannicus Junie est adorée,
Et ce même Néron, que la vertu conduit,
Fait enlever Junie au milieu de la nuit !
Que veut-il ? Est-ce haine, est-ce amour qui l'inspire ?

Vocabulaire et noms propres

1. *Nérons* : famille dont sont issus plusieurs empereurs célèbres pour leur cruauté, voire leur folie (Tibère, Caligula).
2. *Caïus* : Caligula, frère d'Agrippine, qui sombra dans la folie.
3. *Le timon* : la barre de gouvernail.
4. *Père* : Néron avait reçu du sénat le titre de père de la patrie.
5. *L'attentat* : le crime.
6. *Ignorée* : le terme « amour » est, au XVIIe siècle, féminin ou masculin.

Cherche-t-il seulement le plaisir de leur nuire ?
Ou plutôt n'est-ce point que sa malignité
Punit sur eux l'appui que je leur ai prêté ?

ALBINE

Vous, leur appui, Madame ?

AGRIPPINE

Arrête, chère Albine,
Je sais que j'ai moi seule avancé leur ruine ;
Que du trône, où le sang l'a dû[1] faire monter,
Britannicus par moi s'est vu précipiter.
Par moi seule éloigné de l'hymen[2] d'Octavie,
Le frère de Junie abandonna la vie,
Silanus[3], sur qui Claude avait jeté les yeux,
Et qui comptait Auguste au rang de ses aïeux.
Néron jouit de tout ; et moi, pour récompense,
Il faut qu'entre eux et lui je tienne la balance,
Afin que quelque jour, par une même loi,
Britannicus la tienne entre mon fils et moi.

ALBINE

Quel dessein !

AGRIPPINE

Je m'assure un port dans la tempête.
Néron m'échappera, si ce frein ne l'arrête.

Vocabulaire et nom propre

1. *A dû* : aurait dû.
2. *De l'hymen* : du mariage.
3. *Silanus* : frère de Junie auquel Octavie était promise. Agrippine décida de marier cette dernière à son fils, Néron. Silanus se suicida le jour même des noces entre Agrippine et Claude.

ALBINE

Mais prendre contre un fils tant de soins superflus ?

AGRIPPINE

Je le craindrais bientôt, s'il ne me craignait plus.

ALBINE

Une injuste frayeur vous alarme peut-être.
Mais si Néron pour vous n'est plus ce qu'il doit être,
Du moins son changement ne vient pas jusqu'à nous,
Et ce sont des secrets entre César et vous.
Quelques titres nouveaux que Rome lui défère,
Néron n'en reçoit point qu'il ne donne à sa mère.
Sa prodigue amitié[1] ne se réserve rien ;
Votre nom est dans Rome aussi saint que le sien.
À peine parle-t-on de la triste Octavie.
Auguste votre aïeul honora moins Livie[2].
Néron devant sa mère a permis le premier
Qu'on portât les faisceaux[3] couronnés de laurier.
Quels effets voulez-vous de sa reconnaissance ?

AGRIPPINE

Un peu moins de respect, et plus de confiance.
Tous ces présents, Albine, irritent mon dépit.
Je vois mes honneurs croître et tomber mon crédit.
Non, non, le temps n'est plus que Néron, jeune encore,

Vocabulaire et nom propre

1. *Sa prodigue amitié* : son généreux amour filial.
2. *Livie* : dernière femme d'Auguste.
3. *Faisceaux* : verges liées autour d'une hache, portées par les gardes devant les magistrats comme marque de l'autorité impériale. Néron fut le premier à permettre qu'ils soient portés devant sa mère, en signe de déférence.

Me renvoyait les vœux d'une cour qui l'adore,
Lorsqu'il se reposait sur moi de tout l'État,
Que mon ordre au palais assemblait le sénat,
Et que derrière un voile, invisible et présente,
J'étais de ce grand corps l'âme toute-puissante.
Des volontés de Rome alors mal assuré,
Néron de sa grandeur n'était point enivré.
Ce jour, ce triste jour frappe encor ma mémoire,
Où Néron fut lui-même ébloui de sa gloire,
Quand les ambassadeurs de tant de rois divers
Vinrent le reconnaître au nom de l'univers.
Sur son trône avec lui j'allais prendre ma place :
J'ignore quel conseil prépara ma disgrâce ;
Quoi qu'il en soit, Néron, d'aussi loin qu'il me vit,
Laissa sur son visage éclater son dépit.
Mon cœur même en conçut un malheureux augure.
L'ingrat, d'un faux respect colorant son injure,
Se leva par avance, et courant m'embrasser,
Il m'écarta du trône où je m'allais placer.
Depuis ce coup fatal, le pouvoir d'Agrippine
Vers sa chute à grands pas chaque jour s'achemine.
L'ombre seule m'en reste, et l'on n'implore plus
Que le nom de Sénèque[1] et l'appui de Burrhus.

Nom propre
1. *Sénèque* : penseur (v. 4-65 apr. J.-C.), précepteur et ministre de Néron, avant qu'il ne se retire de la vie publique pour se consacrer à la philosophie et au théâtre. Accusé de trahison, il est acculé au suicide par Néron.

ALBINE

Ah ! si de ce soupçon votre âme est prévenue,
Pourquoi nourrissez-vous le venin qui vous tue ?
Daignez avec César vous éclaircir du moins.

AGRIPPINE

César ne me voit plus, Albine, sans témoins.
En public, à mon heure, on me donne audience ;
Sa réponse est dictée, et même son silence.
Je vois deux surveillants, ses maîtres et les miens,
Présider l'un ou l'autre à tous nos entretiens.
Mais je le poursuivrai d'autant plus qu'il m'évite :
De son désordre, Albine, il faut que je profite.
J'entends du bruit ; on ouvre. Allons subitement
Lui demander raison de cet enlèvement.
Surprenons, s'il se peut, les secrets de son âme.
Mais quoi ? Déjà Burrhus sort de chez lui ?

Scène 2

AGRIPPINE, BURRHUS, ALBINE

BURRHUS

Madame,
Au nom de l'empereur j'allais vous informer
D'un ordre qui d'abord a pu vous alarmer,
Mais qui n'est que l'effet d'une sage conduite,
Dont César a voulu que vous soyez instruite.

AGRIPPINE

Puisqu'il le veut, entrons : il m'en instruira mieux.

BURRHUS

César pour quelque temps s'est soustrait à nos yeux.
Déjà par une porte au public moins connue
L'un et l'autre consul vous avaient prévenue[1],
Madame. Mais souffrez que je retourne exprès...

AGRIPPINE

Non, je ne trouble point ses augustes secrets.
Cependant voulez-vous qu'avec moins de contrainte
L'un et l'autre une fois nous nous parlions sans feinte ?

BURRHUS

Burrhus pour le mensonge eut toujours trop d'horreur.

AGRIPPINE

Prétendez-vous longtemps me cacher l'empereur ?
Ne le verrai-je plus qu'à titre d'importune ?
Ai-je donc élevé si haut votre fortune
Pour mettre[2] une barrière entre mon fils et moi ?
Ne l'osez-vous laisser un moment sur sa foi[3] ?
Entre Sénèque et vous disputez-vous la gloire
À qui m'effacera plus tôt de sa mémoire ?
Vous l'ai-je confié pour en faire un ingrat,
Pour être[4], sous son nom, les maîtres de l'État ?

Vocabulaire

1. *Prévenue* : devancée.
2. *Pour mettre* : pour que vous mettiez.
3. *Laisser sur sa foi* : le laisser décider seul, sur sa seule foi.
4. *Pour être* : pour que vous soyez.

Certes, plus je médite, et moins je me figure
Que vous m'osiez compter pour votre créature,
Vous, dont j'ai pu[1] laisser vieillir l'ambition
Dans les honneurs obscurs de quelque légion,
Et moi qui sur le trône ai suivi mes ancêtres,
Moi, fille, femme, sœur et mère de vos maîtres[2] !
Que prétendez-vous donc ? Pensez-vous que ma voix
Ait fait un empereur pour m'en imposer trois ?
Néron n'est plus enfant : n'est-il pas temps qu'il règne ?
Jusqu'à quand voulez-vous que l'empereur vous craigne ?
Ne saurait-il rien voir qu'il n'emprunte vos yeux ?
Pour se conduire, enfin, n'a-t-il pas ses aïeux ?
Qu'il choisisse, s'il veut, d'Auguste ou de Tibère[3],
Qu'il imite, s'il peut, Germanicus mon père.
Parmi tant de héros je n'ose me placer,
Mais il est des vertus que je lui puis tracer.
Je puis l'instruire au moins combien sa confidence
Entre un sujet et lui doit laisser de distance.

BURRHUS

Je ne m'étais chargé dans cette occasion
Que d'excuser César d'une seule action[4].
Mais puisque sans vouloir que je le justifie,
Vous me rendez garant du reste de sa vie,

Vocabulaire, références et nom propre

1. *J'ai pu* : j'aurais pu.
2. *Moi, fille, femme, sœur et mère de vos maîtres* : Agrippine est fille de Germanicus, femme de l'empereur Claude, sœur de Caligula et mère de Néron.
3. *Tibère :* empereur de 14 à 37 apr. J.-C.
4. *D'une seule action* : de l'enlèvement de Junie.

Je répondrai, Madame, avec la liberté
D'un soldat qui sait mal farder[1] la vérité.
Vous m'avez de César confié la jeunesse,
Je l'avoue, et je dois m'en souvenir sans cesse.
Mais vous avais-je fait serment de le trahir,
D'en faire un empereur qui ne sût qu'obéir ?
Non. Ce n'est plus à vous qu'il faut que j'en réponde,
Ce n'est plus votre fils, c'est le maître du monde.
J'en dois compte, Madame, à l'empire romain,
Qui croit voir son salut ou sa perte en ma main.
Ah ! si dans l'ignorance il le fallait instruire,
N'avait-on que Sénèque et moi pour le séduire[2] ?
Pourquoi de sa conduite[3] éloigner les flatteurs ?
Fallait-il dans l'exil[4] chercher des corrupteurs ?
La cour de Claudius, en esclaves fertile,
Pour deux que l'on cherchait en eût présenté mille,
Qui tous auraient brigué l'honneur de l'avilir :
Dans une longue enfance ils l'auraient fait vieillir.
De quoi vous plaignez-vous, Madame ? On vous révère :
Ainsi que par César, on jure par sa mère.
L'empereur, il est vrai, ne vient plus chaque jour
Mettre à vos pieds l'empire, et grossir votre cour.
Mais le doit-il, Madame ? et sa reconnaissance
Ne peut-elle éclater que dans sa dépendance ?

Vocabulaire et références

1. *Farder* : maquiller, cacher.
2. *Séduire* : du latin *seducere*, « détourner du droit chemin ».
3. *Conduite* : formation.
4. *Exil* : allusion au fait qu'Agrippine a fait rappeler Sénèque d'exil pour qu'il assure, avec Burrhus, l'éducation de Néron.

Toujours humble, toujours le timide Néron
N'ose-t-il être Auguste et César que de nom ?
Vous le dirai-je enfin ? Rome le justifie.
Rome, à trois affranchis[1] si longtemps asservie,
À peine respirant du joug qu'elle a porté,
Du règne de Néron compte sa liberté.
Que dis-je ? La vertu semble même renaître.
Tout l'empire n'est plus la dépouille d'un maître :
Le peuple au champ de Mars nomme ses magistrats,
César nomme les chefs sur la foi des soldats ;
Thraséas[2] au sénat, Corbulon[3] dans l'armée,
Sont encore innocents, malgré leur renommée ;
Les déserts[4], autrefois peuplés de sénateurs,
Ne sont plus habités que par leurs délateurs[5].
Qu'importe que César continue à nous croire,
Pourvu que nos conseils ne tendent qu'à sa gloire ;
Pourvu que dans le cours d'un règne florissant
Rome soit toujours libre, et César tout-puissant ?
Mais, Madame, Néron suffit pour se conduire.
J'obéis, sans prétendre à l'honneur de l'instruire.
Sur ses aïeux, sans doute, il n'a qu'à se régler ;
Pour bien faire, Néron n'a qu'à se ressembler,

Vocabulaire et noms propres

1. *Affranchis* : anciens esclaves devenus citoyens. Il s'agit ici de Calliste, Pallas et Narcisse qui ont grandement influencé Claude durant son règne.
2. *Thraséas* : sénateur considéré par Tacite comme l'incarnation de la vertu. Il sera poussé au suicide.
3. *Corbulon* : général romain condamné à mort en 67.
4. *Déserts* : lieux d'exil.
5. *Délateurs* : accusateurs, ceux qui dénoncent.

Heureux si ses vertus, l'une à l'autre enchaînées,
Ramènent tous les ans ses premières années !

AGRIPPINE

Ainsi, sur l'avenir n'osant vous assurer,
Vous croyez que sans vous Néron va s'égarer.
Mais vous qui jusqu'ici content de votre ouvrage,
Venez de ses vertus nous rendre témoignage,
Expliquez-nous pourquoi, devenu ravisseur,
Néron de Silanus fait enlever la sœur ?
Ne tient-il qu'à marquer de cette ignominie
Le sang de mes aïeux qui brille dans Junie ?
De quoi l'accuse-t-il ? Et par quel attentat
Devient-elle en un jour criminelle d'État,
Elle qui sans orgueil jusqu'alors élevée,
N'aurait point vu Néron, s'il ne l'eût enlevée,
Et qui même aurait mis au rang de ses bienfaits
L'heureuse liberté de ne le voir jamais ?

BURRHUS

Je sais que d'aucun crime elle n'est soupçonnée ;
Mais jusqu'ici César ne l'a point condamnée,
Madame. Aucun objet ne blesse ici ses yeux :
Elle est dans un palais tout plein de ses aïeux.
Vous savez que les droits qu'elle porte avec elle
Peuvent de son époux faire un prince rebelle,
Que le sang de César ne se doit allier
Qu'à ceux à qui César le veut bien confier,

Et vous-même avouerez qu'il ne serait pas juste
Qu'on disposât sans lui de la nièce d'Auguste[1].

AGRIPPINE

Je vous entends : Néron m'apprend par votre voix
Qu'en vain Britannicus s'assure sur[2] mon choix.
En vain, pour détourner ses yeux de sa misère,
J'ai flatté son amour d'un hymen qu'il espère.
À ma confusion, Néron veut faire voir
Qu'Agrippine promet par-delà son pouvoir.
Rome de ma faveur est trop préoccupée[3] :
Il veut par cet affront qu'elle soit détrompée,
Et que tout l'univers apprenne avec terreur
À ne confondre plus mon fils et l'empereur.
Il le peut. Toutefois j'ose encore lui dire
Qu'il doit avant ce coup affermir son empire,
Et qu'en me réduisant à la nécessité
D'éprouver contre lui ma faible autorité,
Il expose la sienne, et que dans la balance
Mon nom peut-être aura plus de poids qu'il ne pense.

BURRHUS

Quoi Madame ? toujours soupçonner son respect ?
Ne peut-il faire un pas qui ne vous soit suspect ?
L'empereur vous croit-il du parti de Junie ?
Avec Britannicus vous croit-il réunie[4] ?

Vocabulaire
1. *Nièce d'Auguste* : descendante d'Auguste.
2. *S'assurer sur* : est confiant dans.
3. *Préoccupée* : assurée.
4. *Réunie* : réconciliée.

Quoi ? de vos ennemis devenez-vous l'appui
Pour trouver un prétexte à vous plaindre de lui ?
Sur le moindre discours qu'on pourra vous redire,
Serez-vous toujours prête à partager l'empire ?
Vous craindrez-vous sans cesse, et vos embrassements
Ne se passeront-ils qu'en éclaircissements ?
Ah ! quittez d'un censeur la triste diligence[1] ;
D'une mère facile[2] affectez l'indulgence,
Souffrez quelques froideurs sans les faire éclater,
Et n'avertissez point la cour de vous quitter[3].

AGRIPPINE

Et qui s'honorerait de l'appui d'Agrippine,
Lorsque Néron lui-même annonce ma ruine ?
Lorsque de sa présence il semble me bannir ?
Quand Burrhus à sa porte ose me retenir ?

BURRHUS

Madame, je vois bien qu'il est temps de me taire,
Et que ma liberté commence à vous déplaire.
La douleur est injuste, et toutes les raisons
Qui ne la flattent point aigrissent ses soupçons.
Voici Britannicus. Je lui cède ma place.
Je vous laisse écouter et plaindre sa disgrâce,
Et peut-être, Madame, en accuser les soins
De ceux que l'empereur a consultés le moins.

Vocabulaire

1. *Diligence* : soin attentif, empressement.
2. *Facile* : conciliante.
3. *N'avertissez point la cour de vous quitter* : ne faites pas en sorte, en affichant vos conflits, de perdre votre crédit à la cour.

Scène 3

Britannicus, Agrippine, Narcisse, Albine

Agrippine

Ah, Prince ! où courez-vous ? Quelle ardeur inquiète
Parmi vos ennemis en aveugle vous jette ?
Que venez-vous chercher ?

Britannicus

Ce que je cherche ? Ah, dieux !
Tout ce que j'ai perdu, Madame, est en ces lieux.
De mille affreux soldats Junie environnée
S'est vue en ce palais indignement traînée.
Hélas ! de quelle horreur ses timides esprits[1]
À ce nouveau[2] spectacle auront été surpris !
Enfin on me l'enlève. Une loi trop sévère
Va séparer deux cœurs qu'assemblait leur misère.
Sans doute on ne veut pas que mêlant nos douleurs
Nous nous aidions l'un l'autre à porter nos malheurs.

Agrippine

Il suffit. Comme vous je ressens vos injures[3] ;
Mes plaintes ont déjà précédé vos murmures.
Mais je ne prétends pas qu'un impuissant courroux
Dégage ma parole et m'acquitte envers vous.
Je ne m'explique point. Si vous voulez m'entendre,
Suivez-moi chez Pallas[4], où je vais vous attendre.

Vocabulaire et nom propre

1. *Ses timides esprits* : son âme délicate.
2. *Ce nouveau* : cet extraordinaire.
3. *Vos injures* : le tort que l'on vous fait.
4. *Pallas* : affranchi, favori d'Agrippine.

Scène 4

BRITANNICUS, NARCISSE

BRITANNICUS

La croirai-je, Narcisse ? Et dois-je sur sa foi
La prendre pour arbitre entre son fils et moi ?
Qu'en dis-tu ? N'est-ce pas cette même Agrippine
Que mon père épousa jadis pour sa ruine,
Et qui, si je t'en crois, a de ses derniers jours,
Trop lents pour ses desseins, précipité le cours[1] ?

NARCISSE

N'importe. Elle se sent comme vous outragée ;
À vous donner Junie elle s'est engagée :
Unissez vos chagrins, liez vos intérêts.
Ce palais retentit en vain de vos regrets :
Tandis qu'on vous verra d'une voix suppliante
Semer ici la plainte et non pas l'épouvante,
Que vos ressentiments se perdront en discours,
Il n'en faut pas douter, vous vous plaindrez toujours.

BRITANNICUS

Ah ! Narcisse, tu sais si de la servitude
Je prétends faire encore une longue habitude ;
Tu sais si pour jamais, de ma chute étonné[2],
Je renonce à l'empire où[3] j'étais destiné.

Vocabulaire et références

1. *A de ses derniers jours [...] précipité le cours* : allusion à l'empoisonnement de Claude commandité par Agrippine.

2. *Étonné* : frappé, tétanisé.

3. *Où* : auquel.

Mais je suis seul encor : les amis de mon père
Sont autant d'inconnus que glace ma misère,
Et ma jeunesse même écarte loin de moi
Tous ceux qui dans le cœur me réservent leur foi.
Pour moi, depuis un an qu'un peu d'expérience
M'a donné de mon sort la triste connaissance,
Que vois-je autour de moi, que[1] des amis vendus
Qui sont de tous mes pas les témoins assidus,
Qui choisis par Néron pour ce commerce infâme,
Trafiquent avec lui des secrets de mon âme ?
Quoi qu'il en soit, Narcisse, on me vend[2] tous les jours :
Il prévoit mes desseins, il entend mes discours ;
Comme toi, dans mon cœur, il sait ce qui se passe.
Que t'en semble, Narcisse ?

NARCISSE

Ah ! Quelle âme assez basse...
C'est à vous de choisir des confidents discrets,
Seigneur, et de ne pas prodiguer[3] vos secrets.

BRITANNICUS

Narcisse, tu dis vrai. Mais cette défiance
Est toujours d'un grand cœur la dernière science ;
On le trompe longtemps. Mais enfin je te croi[4],
Ou plutôt je fais vœu de ne croire que toi.
Mon père, il m'en souvient, m'assura de ton zèle.

Vocabulaire

1. *Que* : si ce n'est.
2. *On me vend* : on me trahit.
3. *Prodiguer* : divulguer à n'importe qui.
4. *Croi* : crois (rime pour l'œil).

Seul de ses affranchis tu m'es toujours fidèle ;
Tes yeux, sur ma conduite incessamment ouverts,
M'ont sauvé jusqu'ici de mille écueils couverts[1].
Va donc voir si le bruit de ce nouvel orage
Aura de nos amis excité le courage.
Examine leurs yeux, observe leurs discours,
Vois si j'en puis attendre un fidèle secours.
Surtout dans ce palais remarque avec adresse
Avec quel soin Néron fait garder la princesse :
Sache si du péril ses beaux yeux sont remplis,
Et si son entretien m'est encore permis.
Cependant[2] de Néron je vais trouver la mère
Chez Pallas, comme toi l'affranchi de mon père.
Je vais la voir, l'aigrir[3], la suivre et s'il se peut
M'engager sous son nom plus loin qu'elle ne veut.

Vocabulaire

1. *Couverts* : cachés.
2. *Cependant* : pendant ce temps.
3. *Aigrir* : inciter à la colère.

Acte II

Scène 1

NÉRON, BURRHUS, NARCISSE, GARDES

NÉRON

N'en doutez point, Burrhus : malgré ses injustices,
C'est ma mère, et je veux ignorer ses caprices.
Mais je ne prétends plus ignorer ni souffrir
Le ministre insolent qui les ose nourrir.
Pallas de ses conseils empoisonne ma mère ;
Il séduit, chaque jour, Britannicus mon frère,
Ils l'écoutent tout seul, et qui suivrait leurs pas,
Les trouverait peut-être assemblés chez Pallas.
C'en est trop. De tous deux il faut que je l'écarte.
Pour la dernière fois, qu'il s'éloigne, qu'il parte ;
Je le veux, je l'ordonne ; et que la fin du jour
Ne le retrouve pas dans Rome ou dans ma cour.
Allez : cet ordre importe au salut de l'empire.
Vous, Narcisse, approchez. Et vous, qu'on se retire.

Scène 2

NÉRON, NARCISSE

NARCISSE

Grâces aux dieux, Seigneur, Junie entre vos mains
Vous assure aujourd'hui le reste des Romains.
Vos ennemis, déchus de leur vaine espérance,

Sont allés chez Pallas pleurer leur impuissance.
Mais que vois-je ? Vous-même, inquiet, étonné,
Plus que Britannicus paraissez consterné.
Que présage à mes yeux cette tristesse obscure
Et ces sombres regards errant à l'aventure ?
Tout vous rit : la fortune obéit à vos vœux.

Néron

Narcisse, c'en est fait, Néron est amoureux.

Narcisse

Vous ?

Néron

Depuis un moment, mais pour toute ma vie,
J'aime, que dis-je, aimer ? j'idolâtre Junie !

Narcisse

Vous l'aimez ?

Néron

Excité d'un désir curieux,
Cette nuit je l'ai vue arriver en ces lieux,
Triste, levant au ciel ses yeux mouillés de larmes,
Qui brillaient au travers des flambeaux et des armes,
Belle, sans ornements, dans le simple appareil
D'une beauté qu'on vient d'arracher au sommeil.
Que veux-tu ? Je ne sais si cette négligence[1],
Les ombres, les flambeaux, les cris et le silence,
Et le farouche aspect de ses fiers ravisseurs,

Vocabulaire
1. *Négligence* : apparence négligée, sans apprêt.

Relevaient[1] de ses yeux les timides douceurs,
Quoi qu'il en soit, ravi d'une si belle vue,
J'ai voulu lui parler, et ma voix s'est perdue :
Immobile, saisi d'un long étonnement,
Je l'ai laissé passer dans son appartement.
J'ai passé dans le mien. C'est là que, solitaire,
De son image en vain j'ai voulu me distraire.
Trop présente à mes yeux je croyais lui parler,
J'aimais jusqu'à ses pleurs que je faisais couler.
Quelquefois, mais trop tard, je lui demandais grâce ;
J'employais les soupirs, et même la menace.
Voilà comme, occupé de mon nouvel amour,
Mes yeux, sans se fermer, ont attendu le jour.
Mais je m'en fais peut-être une trop belle image,
Elle m'est apparue avec trop d'avantage :
Narcisse, qu'en dis-tu ?

NARCISSE

Quoi, Seigneur ? croira-t-on
Qu'elle ait pu si longtemps se cacher à Néron ?

NÉRON

Tu le sais bien, Narcisse. Et soit que sa colère
M'imputât le malheur qui lui ravit son frère[2],
Soit que son cœur, jaloux d'une austère fierté,
Enviât à nos yeux sa naissante beauté,
Fidèle à sa douleur, et dans l'ombre enfermée,

Vocabulaire et références
1. *Relevaient* : rehaussaient.
2. *Son frère* : Silanus.

Elle se dérobait même à sa renommée.
Et c'est cette vertu, si nouvelle à la cour,
Dont la persévérance irrite mon amour.
Quoi, Narcisse ? tandis qu'il n'est point de Romaine
Que mon amour n'honore et ne rende plus vaine,
Qui dès qu'à ses regards elle ose se fier,
Sur le cœur de César ne les vienne essayer,
Seule dans son palais la modeste Junie
Regarde leurs honneurs comme une ignominie,
Fuit, et ne daigne pas peut-être s'informer
Si César est aimable[1] ou bien s'il sait aimer ?
Dis-moi : Britannicus l'aime-t-il ?

NARCISSE

Quoi ! s'il l'aime,
Seigneur ?

NÉRON

Si jeune encor, se connaît-il lui-même ?
D'un regard enchanteur connaît-il le poison ?

NARCISSE

Seigneur, l'amour toujours n'attend pas la raison.
N'en doutez point, il l'aime. Instruits par tant de charmes,
Ses yeux sont déjà faits à l'usage des larmes.
À ses moindres désirs il sait s'accommoder,
Et peut-être déjà sait-il persuader.

Vocabulaire
1. *Aimable* : digne d'amour.

NÉRON

Que dis-tu ? Sur son cœur il aurait quelque empire ?

NARCISSE

Je ne sais. Mais, Seigneur, ce que je puis vous dire,
Je l'ai vu quelquefois s'arracher de ces lieux,
Le cœur plein d'un courroux qu'il cachait à vos yeux,
D'une cour qui le fuit pleurant l'ingratitude,
Las de votre grandeur et de sa servitude,
Entre l'impatience et la crainte flottant,
Il allait voir Junie, et revenait content.

NÉRON

D'autant plus malheureux qu'il aura su lui plaire,
Narcisse, il doit plutôt souhaiter sa colère.
Néron impunément[1] ne sera pas jaloux.

NARCISSE

Vous ? Et de quoi, Seigneur, vous inquiétez-vous ?
Junie a pu le plaindre et partager ses peines :
Elle n'a vu couler de larmes que les siennes.
Mais aujourd'hui, Seigneur, que ses yeux dessillés[2]
Regardant de plus près l'éclat dont vous brillez,
Verront autour de vous les rois sans diadème,
Inconnus dans la foule, et son amant lui-même,
Attachés sur vos yeux s'honorer d'un regard
Que vous aurez sur eux fait tomber au hasard ;

Vocabulaire

1. *Impunément* : sans en tirer vengeance.

2. *Dessillés* : qui ne sont plus fermés à la vérité.

Quand elle vous verra, de ce degré de gloire,
Venir en soupirant avouer sa victoire :
Maître, n'en doutez point, d'un cœur déjà charmé,
Commandez qu'on vous aime, et vous serez aimé.

NÉRON

À combien de chagrins il faut que je m'apprête !
Que d'importunités !

NARCISSE

Quoi donc ? qui vous arrête,
Seigneur ?

NÉRON

Tout : Octavie, Agrippine, Burrhus,
Sénèque, Rome entière, et trois ans de vertus.
Non que pour Octavie un reste de tendresse[1]
M'attache à son hymen et plaigne sa jeunesse :
Mes yeux, depuis longtemps fatigués de ses soins,
Rarement de ses pleurs daignent être témoins ;
Trop heureux, si bientôt la faveur d'un divorce
Me soulageait d'un joug qu'on m'imposa par force[2] !
Le ciel même en secret semble la condamner :
Ses vœux[3], depuis quatre ans, ont beau l'importuner,
Les dieux ne montrent point que sa vertu les touche :

Vocabulaire et références

1. *Non que pour Octavie un reste de tendresse* : Racine reprend à Tacite l'idée que Néron vouait une véritable haine à Octavie qu'il finit par faire mourir.

2. *Un joug qu'on m'imposa par force* : Néron évoque son mariage avec Octavie, imposé par Agrippine.

3. *Vœux* : consentement formulé au moment du mariage.

D'aucun gage, Narcisse, ils n'honorent sa couche ;
L'empire vainement demande un héritier.

NARCISSE

Que tardez-vous, Seigneur, à la répudier ?
L'empire, votre cœur, tout condamne Octavie.
Auguste, votre aïeul, soupirait pour Livie :
Par un double divorce[1] ils s'unirent tous deux,
Et vous devez l'empire à ce divorce heureux[2].
Tibère, que l'hymen plaça dans sa famille[3],
Osa bien à ses yeux répudier sa fille[4].
Vous seul, jusques ici contraire à vos désirs,
N'osez par un divorce assurer vos plaisirs.

NÉRON

Et ne connais-tu pas l'implacable Agrippine ?
Mon amour inquiet déjà se l'imagine
Qui m'amène Octavie, et d'un œil enflammé
Atteste les saints droits d'un nœud qu'elle a formé ;
Et portant à mon cœur des atteintes plus rudes,
Me fait un long récit de mes ingratitudes.
De quel front soutenir ce fâcheux entretien ?

NARCISSE

N'êtes-vous pas, Seigneur, votre maître et le sien ?
Vous verrons-nous toujours trembler sous sa tutelle ?

Références

1. *Double divorce* : Auguste répudia Scribonia ; Livie se sépara de Claudius Néron.
2. *Et vous devez l'empire à ce divorce heureux* : Livie eut un fils, Drusus Néron, arrière-grand-père de Néron.
3. *Tibère, que l'hymen plaça dans sa famille* : Tibère, dont le père était Claudius Néron, fut adopté par Auguste.
4. *Sa fille* : Julie, fille d'Auguste et de Scribonia.

Vivez, régnez pour vous : c'est trop régner pour elle.
Craignez-vous ? Mais, Seigneur, vous ne la craignez pas :
Vous venez de bannir le superbe[1] Pallas,
Pallas, dont vous savez qu'elle soutient l'audace.

NÉRON

Éloigné de ses yeux, j'ordonne, je menace,
J'écoute vos conseils, j'ose les approuver ;
Je m'excite contre elle, et tâche à la braver :
Mais (je t'expose ici mon âme toute nue)
Sitôt que mon malheur me ramène à sa vue,
Soit que je n'ose encor démentir le pouvoir
De ces yeux où j'ai lu si longtemps mon devoir ;
Soit qu'à tant de bienfaits ma mémoire fidèle
Lui soumette en secret tout ce que je tiens d'elle,
Mais enfin mes efforts ne me servent de rien :
Mon génie[2] étonné[3] tremble devant le sien.
Et c'est pour m'affranchir de cette dépendance,
Que je la fuis partout, que même je l'offense,
Et que de temps en temps j'irrite ses ennuis[4],
Afin qu'elle m'évite autant que je la fuis.
Mais je t'arrête trop. Retire-toi, Narcisse ;
Britannicus pourrait t'accuser d'artifice[5].

Vocabulaire

1. *Le superbe* : l'orgueilleux.
2. *Génie* : esprit bon ou mauvais qui définissait le caractère et la destinée de chaque homme.
3. *Étonné* : frappé de stupeur.
4. *Ennuis* : tourments.
5. *D'artifice* : de ruse, de perfidie.

NARCISSE

Non, non ; Britannicus s'abandonne à ma foi ;
Par son ordre, Seigneur, il croit que je vous voi[1],
Que je m'informe ici de tout ce qui le touche,
Et veut de vos secrets être instruit par ma bouche.
Impatient surtout de revoir ses amours,
Il attend de mes soins ce fidèle secours.

NÉRON

J'y consens ; porte-lui cette douce nouvelle :
Il la verra.

NARCISSE

Seigneur, bannissez-le loin d'elle.

NÉRON

J'ai mes raisons, Narcisse ; et tu peux concevoir
Que je lui vendrai cher le plaisir de la voir.
Cependant vante-lui ton heureux stratagème,
Dis-lui qu'en sa faveur on me trompe moi-même,
Qu'il la voit sans mon ordre. On ouvre : la voici.
Va retrouver ton maître, et l'amener ici.

Scène 3

NÉRON, JUNIE

NÉRON

Vous vous troublez, Madame, et changez de visage.
Lisez-vous dans mes yeux quelque triste présage ?

Vocabulaire
1. *Voi* : vois (rime pour l'œil).

JUNIE

Seigneur, je ne vous puis déguiser mon erreur :
J'allais voir Octavie, et non pas l'empereur.

NÉRON

Je le sais bien, Madame, et n'ai pu sans envie
Apprendre vos bontés pour l'heureuse Octavie.

JUNIE

Vous, Seigneur ?

NÉRON

Pensez-vous, Madame, qu'en ces lieux,
Seule pour vous connaître Octavie ait des yeux ?

JUNIE

Et quel autre, Seigneur, voulez-vous que j'implore ?
À qui demanderai-je un crime que j'ignore ?
Vous qui le punissez, vous ne l'ignorez pas :
De grâce, apprenez-moi, Seigneur, mes attentats.

NÉRON

Quoi, Madame ? Est-ce donc une légère offense
De m'avoir si longtemps caché votre présence ?
Ces trésors dont le ciel voulut vous embellir,
Les avez-vous reçus pour les ensevelir ?
L'heureux Britannicus verra-t-il sans alarmes
Croître, loin de nos yeux, son amour et vos charmes ?
Pourquoi, de cette gloire exclu jusqu'à ce jour,
M'avez-vous, sans pitié, relégué dans ma cour ?
On dit plus : vous souffrez sans en être offensée
Qu'il vous ose, Madame, expliquer sa pensée.

Car je ne croirai point que sans me consulter
La sévère Junie ait voulu le flatter,
Ni qu'elle ait consenti d'aimer et d'être aimée,
Sans que j'en sois instruit que par la renommée.

JUNIE

Je ne vous nîrai[1] point, Seigneur, que ses soupirs
M'ont daigné quelquefois expliquer ses désirs.
Il n'a point détourné ses regards d'une fille,
Seul reste du débris d'une illustre famille.
Peut-être il se souvient qu'en un temps plus heureux
Son père me nomma pour l'objet de ses vœux[2].
Il m'aime ; il obéit à l'empereur son père,
Et j'ose dire encore, à vous, à votre mère :
Vos désirs sont toujours si conformes aux siens…

NÉRON

Ma mère a ses desseins, Madame, et j'ai les miens.
Ne parlons plus ici de Claude et d'Agrippine :
Ce n'est point par leur choix que je me détermine.
C'est à moi seul, Madame, à répondre de vous,
Et je veux de ma main vous choisir un époux.

JUNIE

Ah ! Seigneur songez-vous que toute autre alliance
Fera honte aux Césars, auteurs de ma naissance ?

Vocabulaire et références

1. *Nîrai* : nierai (graphie imposée pour respecter l'alexandrin).

2. *Son père me nomma pour l'objet de ses vœux* : projet de mariage imaginé par Racine.

NÉRON

Non, Madame, l'époux dont je vous entretiens
Peut sans honte assembler vos aïeux et les siens,
Vous pouvez, sans rougir, consentir à sa flamme.

JUNIE

Et quel est donc, Seigneur, cet époux ?

NÉRON

Moi, madame.

JUNIE

Vous ?

NÉRON

Je vous nommerais, Madame, un autre nom,
Si j'en savais quelque autre au-dessus de Néron.
Oui, pour vous faire un choix où vous puissiez souscrire,
J'ai parcouru des yeux la cour, Rome et l'empire.
Plus j'ai cherché, Madame, et plus je cherche encor
En quelles mains je dois confier ce trésor,
Plus je vois que César, digne seul de vous plaire,
En doit être lui seul l'heureux dépositaire,
Et ne peut dignement vous confier qu'aux mains
À qui Rome a commis[1] l'empire des humains.
Vous-même, consultez vos premières années :
Claudius à son fils les avait destinées,
Mais c'était en un temps où de l'empire entier
Il croyait quelque jour le nommer l'héritier.

Vocabulaire
1. *Commis* : confié.

Les dieux ont prononcé. Loin de leur contredire,
C'est à vous de passer du côté de l'empire.
En vain de ce présent ils m'auraient honoré,
Si votre cœur devait en être séparé,
Si tant de soins ne sont adoucis par vos charmes,
Si tandis que je donne aux veilles, aux alarmes,
Des jours toujours à plaindre et toujours enviés,
Je ne vais quelquefois respirer[1] à vos pieds.
Qu'Octavie à vos yeux ne fasse point d'ombrage :
Rome, aussi bien que moi, vous donne son suffrage,
Répudie Octavie, et me fait dénouer
Un hymen que le ciel ne veut point avouer[2].
Songez-y donc, Madame, et pesez en vous-même
Ce choix digne des soins d'un prince qui vous aime,
Digne de vos beaux yeux trop longtemps captivés[3],
Digne de l'univers à qui vous vous devez.

JUNIE

Seigneur, avec raison je demeure étonnée.
Je me vois, dans le cours d'une même journée,
Comme une criminelle amenée en ces lieux ;
Et lorsque avec frayeur je parais à vos yeux,
Que sur mon innocence à peine je me fie,
Vous m'offrez tout d'un coup la place d'Octavie.
J'ose dire pourtant que je n'ai mérité

Vocabulaire

1. *Respirer* : prendre une pause.
2. *Avouer* : approuver (par la naissance d'un enfant).
3. *Captivés* : retenus (loin de la cour).

Ni cet excès d'honneur, ni cette indignité.
Et pouvez-vous, Seigneur, souhaiter qu'une fille
Qui vit presque en naissant éteindre sa famille,
Qui dans l'obscurité nourrissant sa douleur,
S'est fait une vertu conforme à son malheur,
Passe subitement de cette nuit profonde
Dans un rang qui l'expose aux yeux de tout le monde,
Dont je n'ai pu de loin soutenir la clarté,
Et dont une autre enfin remplit la majesté ?

NÉRON

Je vous ai déjà dit que je la répudie.
Ayez moins de frayeur, ou moins de modestie.
N'accusez point ici mon choix d'aveuglement ;
Je vous réponds de vous ; consentez seulement.
Du sang dont vous sortez rappelez la mémoire,
Et ne préférez point à la solide gloire
Des honneurs dont César prétend vous revêtir,
La gloire d'un refus sujet au repentir.

JUNIE

Le ciel connaît, Seigneur, le fond de ma pensée.
Je ne me flatte point d'une gloire insensée :
Je sais de vos présents mesurer la grandeur ;
Mais plus ce rang sur moi répandrait de splendeur,
Plus il me ferait honte, et mettrait en lumière
Le crime d'en avoir dépouillé l'héritière.

NÉRON

C'est de ses intérêts prendre beaucoup de soin,
Madame ; et l'amitié ne peut aller plus loin.

Mais ne nous flattons point[1], et laissons le mystère :
La sœur vous touche ici beaucoup moins que le frère,
Et pour Britannicus…

JUNIE

Il a su me toucher,
Seigneur, et je n'ai point prétendu m'en cacher.
Cette sincérité sans doute est peu discrète ;
Mais toujours de mon cœur ma bouche est l'interprète.
Absente de la cour, je n'ai pas dû penser,
Seigneur, qu'en l'art de feindre il fallût m'exercer.
J'aime Britannicus. Je lui fus destinée
Quand l'empire devait suivre son hyménée[2] :
Mais ces mêmes malheurs qui l'en ont écarté,
Ses honneurs abolis, son palais déserté,
La fuite d'une cour que sa chute a bannie,
Sont autant de liens qui retiennent Junie.
Tout ce que vous voyez conspire à[3] vos désirs ;
Vos jours toujours sereins coulent dans les plaisirs :
L'empire en est pour vous l'inépuisable source ;
Ou, si quelque chagrin en interrompt la course,
Tout l'univers soigneux de les entretenir
S'empresse à l'effacer de votre souvenir.
Britannicus est seul. Quelque ennui qui le presse[4],

Vocabulaire et références

1. *Ne nous flattons point* : ne nous masquons pas la vérité.
2. *Quand l'empire devait suivre son hyménée* : Britannicus devait accéder au trône après son mariage avec Junie.
3. *Conspire à* : contribue à.
4. *Ennui qui le presse* : tourment qui l'accable.

Il ne voit, dans son sort, que moi qui s'intéresse,
Et n'a pour tout plaisir, Seigneur, que quelques pleurs
Qui lui font quelquefois oublier ses malheurs.

NÉRON

Et ce sont ces plaisirs et ces pleurs que j'envie,
Que tout autre que lui me paierait de sa vie.
Mais je garde à ce prince un traitement plus doux :
Madame, il va bientôt paraître devant vous.

JUNIE

Ah, Seigneur ! Vos vertus m'ont toujours rassurée.

NÉRON

Je pouvais de ces lieux lui défendre l'entrée ;
Mais, Madame, je veux prévenir le danger
Où son ressentiment le pourrait engager.
Je ne veux point le perdre : il vaut mieux que lui-même
Entende son arrêt de la bouche qu'il aime.
Si ses jours vous sont chers, éloignez-le de vous,
Sans qu'il ait aucun lieu de me croire jaloux.
De son bannissement prenez sur vous l'offense,
Et soit par vos discours, soit par votre silence,
Du moins par vos froideurs, faites-lui concevoir
Qu'il doit porter ailleurs ses vœux et son espoir.

JUNIE

Moi ! que je lui prononce un arrêt si sévère ?
Ma bouche mille fois lui jura le contraire.
Quand même jusque-là je pourrais me trahir,
Mes yeux lui défendront, Seigneur, de m'obéir.

NÉRON

Caché près de ces lieux, je vous verrai, Madame.
Renfermez votre amour dans le fond de votre âme
Vous n'aurez point pour moi de langages secrets :
J'entendrai des regards que vous croirez muets,
Et sa perte sera l'infaillible salaire
D'un geste ou d'un soupir échappé pour lui plaire.

JUNIE

Hélas ! si j'ose encor former quelques souhaits,
Seigneur, permettez-moi de ne le voir jamais !

Scène 4

NÉRON, JUNIE, NARCISSE

NARCISSE

Britannicus, Seigneur, demande la princesse :
Il approche.

NÉRON

Qu'il vienne.

JUNIE

Ah Seigneur !

NÉRON

Je vous laisse.
Sa fortune dépend de vous plus que de moi :
Madame, en le voyant, songez que je vous voi[1].

Vocabulaire
1. *Voi* : vois (rime pour l'œil).

Scène 5

JUNIE, NARCISSE

JUNIE

Ah ! cher Narcisse, cours au-devant de ton maître :
Dis-lui... Je suis perdue, et je le vois paraître !

Scène 6

JUNIE, BRITANNICUS, NARCISSE

BRITANNICUS

Madame, quel bonheur me rapproche de vous ?
Quoi ? je puis donc jouir d'un entretien si doux ?
Mais parmi ce plaisir, quel chagrin me dévore !
Hélas ! puis-je espérer de vous revoir encore ?
Faut-il que je dérobe, avec mille détours,
Un bonheur que vos yeux m'accordaient tous les jours ?
Quelle nuit ! Quel réveil ! Vos pleurs, votre présence
N'ont point de ces cruels désarmé l'insolence ?
Que faisait votre amant ? Quel démon envieux
M'a refusé l'honneur de mourir à vos yeux ?
Hélas ! dans la frayeur dont vous étiez atteinte,
M'avez-vous en secret adressé quelque plainte ?
Ma princesse, avez-vous daigné me souhaiter ?
Songiez-vous aux douleurs que vous m'alliez coûter ?
Vous ne me dites rien ? Quel accueil ! Quelle glace[1] !
Est-ce ainsi que vos yeux consolent ma disgrâce ?

Vocabulaire
1. *Quelle glace* : quel accueil glacial.

Parlez : nous sommes seuls. Notre ennemi trompé
Tandis que je vous parle est ailleurs occupé.
Ménageons les moments de cette heureuse absence.

JUNIE

Vous êtes en des lieux tout pleins de sa puissance.
Ces murs mêmes, Seigneur, peuvent avoir des yeux,
Et jamais l'empereur n'est absent de ces lieux.

BRITANNICUS

Et depuis quand, Madame, êtes-vous si craintive ?
Quoi ? déjà votre amour souffre qu'on le captive ?
Qu'est devenu ce cœur qui me jurait toujours
De faire à Néron même envier nos amours ?
Mais bannissez, Madame, une inutile crainte.
La foi dans tous les cœurs n'est pas encore éteinte ;
Chacun semble des yeux approuver mon courroux,
La mère de Néron se déclare pour nous,
Rome, de sa conduite elle-même offensée...

JUNIE

Ah ! Seigneur, vous parlez contre votre pensée.
Vous-même, vous m'avez avoué mille fois
Que Rome le louait d'une commune voix ;
Toujours à sa vertu vous rendiez quelque hommage.
Sans doute la douleur vous dicte ce langage.

BRITANNICUS

Ce discours me surprend, il le faut avouer.
Je ne vous cherchais pas pour l'entendre louer.
Quoi ? pour vous confier la douleur qui m'accable,

À peine je dérobe un moment favorable,
Et ce moment si cher, Madame, est consumé[1]
À louer l'ennemi dont[2] je suis opprimé ?
Qui vous rend à vous-même, en un jour, si contraire ?
Quoi ! même vos regards ont appris à se taire ?
Que vois-je ? Vous craignez de rencontrer mes yeux ?
Néron vous plairait-il ? Vous serais-je odieux ?
Ah ! si je le croyais... Au nom des dieux, Madame,
Éclaircissez le trouble où vous jetez mon âme.
Parlez. Ne suis-je plus dans votre souvenir ?

JUNIE

Retirez-vous, Seigneur ; l'empereur va venir.

BRITANNICUS

Après ce coup, Narcisse, à qui dois-je m'attendre ?

Scène 7

NÉRON, JUNIE, NARCISSE

NÉRON

Madame...

JUNIE

Non, Seigneur, je ne puis rien entendre.
Vous êtes obéi. Laissez couler du moins
Des larmes dont ses yeux ne seront pas témoins.

Vocabulaire
1. *Consumé* : perdu, dilapidé. **2.** *Dont* : par lequel.

Scène 8

NÉRON, NARCISSE

NÉRON

Eh bien ! de leur amour tu vois la violence,
Narcisse : elle a paru jusque dans son silence !
Elle aime mon rival, je ne puis l'ignorer ;
Mais je mettrai ma joie à le désespérer.
Je me fais de sa peine une image charmante,
Et je l'ai vu douter du cœur de son amante.
Je la suis. Mon rival t'attend pour éclater :
Par de nouveaux soupçons, va, cours le tourmenter.
Et tandis qu'à mes yeux on le pleure, on l'adore,
Fais-lui payer bien cher un bonheur qu'il ignore.

NARCISSE, *seul.*

La fortune[1] t'appelle une seconde fois[2],
Narcisse : voudrais-tu résister à sa voix ?
Suivons jusques au bout ses ordres favorables ;
Et pour nous rendre heureux, perdons les misérables.

Vocabulaire et références

1. *La fortune* : le destin.

2. *Une seconde fois* : Narcisse, autrefois très influent sous le règne de Claude, avait été supplanté par Pallas.

Acte III

Scène 1

NÉRON, BURRHUS

BURRHUS

Pallas obéira, Seigneur.

NÉRON

Et de quel œil
Ma mère a-t-elle vu confondre son orgueil ?

BURRHUS

Ne doutez point, Seigneur, que ce coup ne la frappe,
Qu'en reproches bientôt sa douleur ne s'échappe.
Ses transports[1] dès longtemps commencent d'éclater.
À d'inutiles cris puissent-ils s'arrêter !

NÉRON

Quoi ? de quelque dessein la croyez-vous capable ?

BURRHUS

Agrippine, Seigneur, est toujours redoutable.
Rome et tous vos soldats révèrent ses aïeux ;
Germanicus son père est présent à leurs yeux.
Elle sait son pouvoir ; vous savez son courage ;
Et ce qui me la fait redouter davantage,
C'est que vous appuyez[2] vous-même son courroux
Et que vous lui donnez des armes contre vous.

Vocabulaire

1. *Transports* : émotions violentes, emportements associés à la colère.

2. *Appuyez* : favorisez.

NÉRON

Moi, Burrhus ?

BURRHUS

Cet amour, Seigneur, qui vous possède...

NÉRON

Je vous entends, Burrhus. Le mal est sans remède.
Mon cœur s'en est plus dit que vous ne m'en direz ;
Il faut que j'aime enfin.

BURRHUS

Vous vous le figurez,
Seigneur ; et satisfait de quelque résistance,
Vous redoutez un mal faible dans sa naissance.
Mais si, dans son devoir, votre cœur affermi
Voulait ne point s'entendre avec son ennemi[1],
Si de vos premiers ans vous consultiez la gloire,
Si vous daigniez, Seigneur, rappeler la mémoire
Des vertus d'Octavie indignes de[2] ce prix,
Et de son chaste amour vainqueur de vos mépris,
Surtout si, de Junie évitant la présence,
Vous condamniez vos yeux à quelques jours d'absence :
Croyez-moi, quelque amour qui semble vous charmer,
On n'aime point, Seigneur, si l'on ne veut aimer.

NÉRON

Je vous croirai, Burrhus, lorsque dans les alarmes
Il faudra soutenir la gloire de nos armes,

Vocabulaire

1. *Son ennemi* : l'amour opposé au devoir.

2. *Indignes de* : qui ne méritent pas.

Ou lorsque, plus tranquille, assis dans le sénat,
Il faudra décider du destin de l'État :
Je m'en reposerai sur votre expérience.
Mais, croyez-moi, l'amour est une autre science,
Burrhus, et je ferais quelque difficulté
D'abaisser jusque-là votre sévérité.
Adieu. Je souffre trop, éloigné de Junie.

Scène 2

BURRHUS, *seul.*

Enfin, Burrhus, Néron découvre son génie[1] :
Cette férocité que tu croyais fléchir,
De tes faibles liens est prête à s'affranchir.
En quels excès peut-être elle va se répandre !
Ô dieux ! en ce malheur quel conseil[2] dois-je prendre ?
Sénèque, dont les soins me devraient soulager,
Occupé loin de Rome, ignore ce danger.
Mais quoi ? Si d'Agrippine excitant la tendresse
Je pouvais… La voici : mon bonheur[3] me l'adresse.

Vocabulaire
1. *Son génie* : sa nature profonde.
2. *Quel conseil* : quelle décision.
3. *Mon bonheur* : ma chance.

Scène 3

AGRIPPINE, BURRHUS, ALBINE

AGRIPPINE

Eh bien ! je me trompais, Burrhus, dans mes soupçons ?
Et vous vous signalez par d'illustres leçons !
On exile Pallas, dont le crime peut-être
Est d'avoir à l'empire élevé votre maître.
Vous le savez trop bien : jamais, sans ses avis,
Claude qu'il gouvernait n'eût adopté mon fils.
Que dis-je ? À son épouse on donne une rivale ;
On affranchit Néron de la foi conjugale !
Digne emploi d'un ministre ennemi des flatteurs,
Choisi pour mettre un frein à ses jeunes ardeurs,
De les flatter lui-même, et nourrir dans son âme
Le mépris de sa mère et l'oubli de sa femme !

BURRHUS

Madame, jusqu'ici c'est trop tôt m'accuser.
L'empereur n'a rien fait qu'on ne puisse excuser.
N'imputez qu'à Pallas un exil nécessaire :
Son orgueil dès[1] longtemps exigeait ce salaire,
Et l'empereur ne fait qu'accomplir à regret
Ce que toute la cour demandait en secret.
Le reste est un malheur qui n'est point sans ressource :
Des larmes d'Octavie on peut tarir la source.

Vocabulaire
1. *Dès* : depuis.

Mais calmez vos transports. Par un chemin plus doux,
Vous lui pourrez plus tôt ramener son époux :
Les menaces, les cris le rendront plus farouche.

AGRIPPINE

Ah ! l'on s'efforce en vain de me fermer la bouche.
Je vois que mon silence irrite vos dédains,
Et c'est trop respecter l'ouvrage de mes mains[1].
Pallas n'emporte pas tout l'appui d'Agrippine :
Le ciel m'en laisse assez pour venger ma ruine.
Le fils de Claudius[2] commence à ressentir
Des crimes dont je n'ai que le seul repentir.
J'irai, n'en doutez point, le montrer à l'armée,
Plaindre aux yeux des soldats son enfance opprimée,
Leur faire, à mon exemple, expier leur erreur.
On verra d'un côté le fils d'un empereur
Redemandant la foi jurée à sa famille,
Et de Germanicus on entendra la fille ;
De l'autre, l'on verra le fils d'Ænobarbus[3],
Appuyé de Sénèque et du tribun Burrhus,
Qui tous deux, de l'exil rappelés par moi-même,
Partagent à mes yeux l'autorité suprême.
De nos crimes communs je veux qu'on soit instruit ;
On saura les chemins par où je l'ai conduit.
Pour rendre sa puissance et la vôtre odieuses,

Vocabulaire, références et noms propres

1. *L'ouvrage de mes mains* : Agrippine a fait de Néron un empereur, elle le considère comme son œuvre, sa réalisation.

2. *Le fils de Claudius* : Britannicus.

3. *Le fils d'Ænobarbus* : Néron, qui fut ensuite adopté par Claude.

J'avouerai les rumeurs les plus injurieuses :
Je confesserai tout, exils, assassinats,
Poison même...

BURRHUS

Madame, ils ne vous croiront pas.
Ils sauront récuser l'injuste stratagème
D'un témoin irrité qui s'accuse lui-même.
Pour moi, qui le premier secondai vos desseins,
Qui fis même jurer l'armée entre ses mains,
Je ne me repens point de ce zèle sincère.
Madame, c'est un fils qui succède à son père.
En adoptant Néron, Claudius par son choix
De son fils et du vôtre a confondu[1] les droits.
Rome l'a pu choisir. Ainsi, sans être injuste,
Elle choisit Tibère adopté par Auguste ;
Et le jeune Agrippa, de son sang descendu,
Se vit exclu du rang vainement prétendu[2].
Sur tant de fondements sa puissance établie
Par vous-même aujourd'hui ne peut être affaiblie :
Et s'il m'écoute encor, Madame, sa bonté
Vous en fera bientôt perdre la volonté.
J'ai commencé, je vais poursuivre mon ouvrage.

Vocabulaire, références et nom propre

1. *Confondu* : rendu similaires.
2. *Et le jeune Agrippa [...] prétendu* : Agrippa, petit-fils d'Auguste, pouvait légitimement prétendre au trône dont il fut écarté par Tibère.

Scène 4

AGRIPPINE, ALBINE

ALBINE

Dans quel emportement la douleur vous engage,
Madame ! L'empereur puisse-t-il l'ignorer !

AGRIPPINE

Ah ! lui-même à mes yeux puisse-t-il se montrer !

ALBINE

Madame, au nom des dieux, cachez votre colère.
Quoi ? pour les intérêts de la sœur ou du frère[1],
Faut-il sacrifier le repos de vos jours ?
Contraindrez-vous César jusque dans ses amours ?

AGRIPPINE

Quoi ? tu ne vois donc pas jusqu'où l'on me ravale,
Albine ? C'est à moi qu'on donne une rivale.
Bientôt, si je ne romps ce funeste lien,
Ma place est occupée et je ne suis plus rien.
Jusqu'ici d'un vain titre Octavie honorée,
Inutile à la cour, en était ignorée.
Les grâces, les honneurs, par moi seule versés,
M'attiraient des mortels les vœux intéressés.
Une autre de César a surpris la tendresse :
Elle aura le pouvoir d'épouse et de maîtresse,
Le fruit de tant de soins, la pompe[2] des Césars,

Vocabulaire et références

1. *De la sœur ou du frère* : d'Octavie ou de Britannicus.

2. *La pompe* : le faste.

Tout deviendra le prix d'un seul de ses regards.
Que dis-je ? L'on m'évite, et déjà délaissée...
Ah ! je ne puis, Albine, en souffrir la pensée.
Quand je devrais du ciel hâter l'arrêt fatal,
Néron, l'ingrat Néron... Mais voici son rival.

Scène 5

BRITANNICUS, AGRIPPINE, NARCISSE, ALBINE

BRITANNICUS

Nos ennemis communs ne sont pas invincibles,
Madame, nos malheurs trouvent des cœurs sensibles.
Vos amis et les miens, jusqu'alors si secrets,
Tandis que nous perdions le temps en vains regrets,
Animés du courroux qu'allume l'injustice,
Viennent de confier leur douleur à Narcisse.
Néron n'est pas encor tranquille possesseur
De l'ingrate qu'il aime au mépris de ma sœur.
Si vous êtes toujours sensible à son injure,
On peut dans son devoir ramener le parjure.
La moitié du sénat s'intéresse pour nous :
Sylla, Pison, Plautus[1]...

AGRIPPINE

Prince, que dites-vous ?
Sylla, Pison, Plautus ! les chefs de la noblesse !

Noms propres
1. *Sylla, Pison, Plautus* : trois sénateurs qui complotèrent contre Néron et furent exécutés.

BRITANNICUS

Madame, je vois bien que ce discours vous blesse ;
Et que votre courroux, tremblant, irrésolu,
Craint déjà d'obtenir tout ce qu'il a voulu.
Non, vous avez trop bien établi ma disgrâce :
D'aucun ami pour moi ne redoutez l'audace.
Il ne m'en reste plus, et vos soins trop prudents
Les ont tous écartés ou séduits[1] dès longtemps.

AGRIPPINE

Seigneur, à vos soupçons donnez moins de créance[2] :
Notre salut dépend de notre intelligence[3].
J'ai promis, il suffit. Malgré vos ennemis,
Je ne révoque rien de ce que j'ai promis.
Le coupable Néron fuit en vain ma colère :
Tôt ou tard il faudra qu'il entende sa mère.
J'essaierai tour à tour la force et la douceur,
Ou moi-même, avec moi conduisant votre sœur,
J'irai semer partout ma crainte et ses alarmes,
Et ranger tous les cœurs du parti de ses larmes.
Adieu. J'assiégerai Néron de toutes parts.
Vous, si vous m'en croyez, évitez ses regards.

Vocabulaire

1. *Séduits* : détournés.
2. *À vos soupçons donnez moins de créance* : n'accordez pas autant de crédit à vos soupçons.
3. *Intelligence* : entente.

Scène 6

BRITANNICUS, NARCISSE

BRITANNICUS

Ne m'as-tu point flatté d'une fausse espérance ?
Puis-je sur ton récit fonder quelque assurance,
Narcisse ?

NARCISSE

Oui. Mais, Seigneur, ce n'est pas en ces lieux
Qu'il faut développer ce mystère à vos yeux.
Sortons. Qu'attendez-vous ?

BRITANNICUS

Ce que j'attends, Narcisse ?
Hélas !

NARCISSE

Expliquez-vous.

BRITANNICUS

Si par ton artifice[1],
Je pouvais revoir…

NARCISSE

Qui ?

BRITANNICUS

J'en rougis. Mais enfin
D'un cœur moins agité j'attendrais mon destin.

Vocabulaire
1. *Ton artifice* : ta ruse.

NARCISSE

Après tous mes discours, vous la croyez fidèle ?

BRITANNICUS

Non, je la crois, Narcisse, ingrate, criminelle,
Digne de mon courroux ; mais je sens, malgré moi,
Que je ne le crois pas autant que je le doi[1].
Dans ses égarements mon cœur opiniâtre
Lui prête des raisons, l'excuse, l'idolâtre.
Je voudrais vaincre enfin mon incrédulité,
Je la voudrais haïr avec tranquillité.
Et qui croira qu'un cœur si grand en apparence,
D'une infidèle cour ennemi dès l'enfance,
Renonce à tant de gloire, et dès le premier jour
Trame une perfidie inouïe[2] à la cour ?

NARCISSE

Et qui sait si l'ingrate, en sa longue retraite,
N'a point de l'empereur médité la défaite[3] ?
Trop sûre que ses yeux ne pouvaient se cacher,
Peut-être elle fuyait pour se faire chercher,
Pour exciter Néron par la gloire pénible
De vaincre une fierté jusqu'alors invincible.

BRITANNICUS

Je ne la puis donc voir ?

Vocabulaire

1. *Doi* : dois (rime pour l'œil).
2. *Inouïe* : inédite, sans précédent.
3. *Défaite* : terme emprunté au domaine guerrier et qui, dans le vocabulaire galant, désigne une soumission amoureuse. Narcisse fait de Junie une stratège ayant prémédité le fait que Néron tombe amoureux d'elle.

NARCISSE

Seigneur, en ce moment
Elle reçoit les vœux de son nouvel amant.

BRITANNICUS

Eh bien ! Narcisse, allons. Mais que vois-je ? C'est elle.

NARCISSE

Ah dieux ! À l'empereur portons cette nouvelle.

Scène 7

BRITANNICUS, JUNIE

JUNIE

Retirez-vous, Seigneur, et fuyez un courroux
Que ma persévérance allume contre vous.
Néron est irrité. Je me suis échappée
Tandis qu'à l'arrêter sa mère est occupée.
Adieu ; réservez-vous, sans blesser mon amour,
Au plaisir de me voir justifier un jour ;
Votre image sans cesse est présente à mon âme :
Rien ne l'en peut bannir.

BRITANNICUS

Je vous entends, Madame ;
Vous voulez que ma fuite assure vos désirs,
Que je laisse un champ libre à vos nouveaux soupirs.
Sans doute, en me voyant, une pudeur[1] secrète

Vocabulaire
1. *Pudeur* : honte.

Ne vous laisse goûter qu'une joie inquiète.
Eh bien ! il faut partir.

JUNIE

Seigneur, sans m'imputer...

BRITANNICUS

Ah ! vous deviez[1] du moins plus longtemps disputer[2].
Je ne murmure point qu'une amitié commune[3]
Se range du parti que flatte la fortune ;
Que l'éclat d'un empire ait pu vous éblouir ;
Qu'aux dépens de ma sœur vous en vouliez jouir ;
Mais que de ces grandeurs comme une autre occupée
Vous m'en ayez paru si longtemps détrompée,
Non, je l'avoue encor, mon cœur désespéré
Contre ce seul malheur n'était point préparé.
J'ai vu sur ma ruine élever l'injustice ;
De mes persécuteurs j'ai vu le ciel complice ;
Tant d'horreurs n'avaient point épuisé son courroux,
Madame ; il me restait d'être oublié de vous.

JUNIE

Dans un temps plus heureux ma juste impatience[4]
Vous ferait repentir de votre défiance.
Mais Néron vous menace : en ce pressant danger,
Seigneur, j'ai d'autres soins que de vous affliger.

Vocabulaire

1. *Deviez* : auriez dû.
2. *Disputer* : résister.
3. *Je ne murmure point qu'une amitié commune* : je ne me plains pas de ce qu'un amour ordinaire.
4. *Impatience* : irritation.

Allez, rassurez-vous et cessez de vous plaindre :
Néron nous écoutait, et m'ordonnait de feindre.

BRITANNICUS

Quoi ? le cruel...

JUNIE

Témoin de tout notre entretien,
D'un visage sévère examinait le mien,
Prêt à faire sur vous éclater la vengeance
D'un geste confident de notre intelligence[1].

BRITANNICUS

Néron nous écoutait, Madame ! Mais, hélas !
Vos yeux auraient pu feindre et ne m'abuser pas ;
Ils pouvaient me nommer l'auteur de cet outrage.
L'amour est-il muet, ou n'a-t-il qu'un langage ?
De quel trouble un regard pouvait me préserver !
Il fallait...

JUNIE

Il fallait me taire et vous sauver.
Combien de fois, hélas ! puisqu'il faut vous le dire,
Mon cœur de son désordre allait-il vous instruire ?
De combien de soupirs interrompant le cours
Ai-je évité vos yeux que je cherchais toujours ?
Quel tourment de se taire en voyant ce qu'on aime,
De l'entendre gémir, de l'affliger soi-même,
Lorsque par un regard on peut le consoler !

Vocabulaire
1. *Confident de notre intelligence* : révélateur de notre complicité.

Mais quels pleurs ce regard aurait-il fait couler !
Ah ! dans ce souvenir[1], inquiète, troublée,
Je ne me sentais pas assez dissimulée.
De mon front effrayé je craignais la pâleur,
Je trouvais mes regards trop pleins de ma douleur.
Sans cesse il me semblait que Néron en colère
Me venait reprocher trop de soin de vous plaire,
Je craignais mon amour vainement renfermé,
Enfin, j'aurais voulu n'avoir jamais aimé.
Hélas ! pour son bonheur, Seigneur, et pour le nôtre,
Il n'est que trop instruit de mon cœur et du vôtre !
Allez, encore un coup, cachez-vous à ses yeux :
Mon cœur plus à loisir vous éclaircira mieux.
De mille autres secrets j'aurais compte à vous rendre.

BRITANNICUS

Ah ! n'en voilà que trop. C'est trop me faire entendre,
Madame, mon bonheur, mon crime, vos bontés.
Et savez-vous pour moi tout ce que vous quittez ?
Quand pourrai-je à vos pieds expier ce reproche ?

JUNIE

Que faites-vous ? Hélas ! votre rival s'approche.

Vocabulaire
1. *Ce souvenir* : cette présence, à l'esprit, des menaces de Néron.

Scène 8

NÉRON, BRITANNICUS, JUNIE

NÉRON

Prince, continuez des transports si charmants.
Je conçois vos bontés par ses remerciements,
Madame. À vos genoux je viens de le surprendre,
Mais il aurait aussi quelque grâce à me rendre :
Ce lieu le favorise, et je vous y retiens
Pour lui faciliter de si doux entretiens.

BRITANNICUS

Je puis mettre à ses pieds ma douleur ou ma joie
Partout où sa bonté consent que je la voie ;
Et l'aspect de ces lieux où vous la retenez
N'a rien dont mes regards doivent être étonnés.

NÉRON

Et que vous montrent-ils qui ne vous avertisse
Qu'il faut qu'on me respecte et que l'on m'obéisse ?

BRITANNICUS

Ils ne nous ont pas vus l'un et l'autre élever,
Moi pour vous obéir et vous pour me braver,
Et ne s'attendaient pas, lorsqu'ils nous virent naître,
Qu'un jour Domitius me dût parler en maître.

NÉRON

Ainsi par le destin nos vœux sont traversés[1] :
J'obéissais alors, et vous obéissez.

Vocabulaire
1. *Traversés* : contrariés.

Si vous n'avez appris à vous laisser conduire,
Vous êtes jeune encore, et l'on peut vous instruire.

BRITANNICUS

Et qui m'en instruira ?

NÉRON

Tout l'empire à la fois,
Rome.

BRITANNICUS

Rome met-elle au nombre de vos droits
Tout ce qu'a de cruel l'injustice et la force,
Les emprisonnements, le rapt et le divorce ?

NÉRON

Rome ne porte point ses regards curieux
Jusque dans des secrets que je cache à ses yeux.
Imitez son respect.

BRITANNICUS

On sait ce qu'elle en pense.

NÉRON

Elle se tait du moins : imitez son silence.

BRITANNICUS

Ainsi Néron commence à ne plus se forcer[1].

NÉRON

Néron de vos discours commence à se lasser.

Vocabulaire
1. *Se forcer* : se dissimuler.

Britannicus

Chacun devait bénir le bonheur de son règne.

Néron

Heureux ou malheureux, il suffit qu'on me craigne.

Britannicus

Je connais mal Junie ou de tels sentiments
Ne mériteront pas ses applaudissements.

Néron

Du moins, si je ne sais le secret de lui plaire,
Je sais l'art de punir un rival téméraire.

Britannicus

Pour moi, quelque péril qui me puisse accabler,
Sa seule inimitié peut me faire trembler.

Néron

Souhaitez-la, c'est tout ce que je vous puis dire.

Britannicus

Le bonheur de lui plaire est le seul où j'aspire.

Néron

Elle vous l'a promis, vous lui plairez toujours.

Britannicus

Je ne sais pas du moins épier ses discours.
Je la laisse expliquer sur tout ce qui me touche,
Et ne me cache point pour lui fermer la bouche.

Néron

Je vous entends. Eh bien, gardes !

JUNIE

Que faites-vous ?
C'est votre frère. Hélas ! C'est un amant jaloux ;
Seigneur, mille malheurs persécutent sa vie.
Ah ! son bonheur peut-il exciter votre envie ?
Souffrez que de vos cœurs rapprochant les liens,
Je me cache à vos yeux et me dérobe aux siens ;
Ma fuite arrêtera vos discordes fatales,
Seigneur, j'irai remplir le nombre des vestales[1].
Ne lui disputez plus mes vœux infortunés,
Souffrez que les dieux seuls en soient importunés.

NÉRON

L'entreprise, Madame, est étrange et soudaine.
Dans son appartement, gardes, qu'on la ramène.
Gardez Britannicus dans celui de sa sœur.

BRITANNICUS

C'est ainsi que Néron sait disputer un cœur.

JUNIE

Prince, sans l'irriter, cédons à cet orage.

NÉRON

Gardes, obéissez sans tarder davantage.

Vocabulaire
1. *Vestales* : jeunes filles vierges consacrées au culte de Vesta, déesse du Foyer.

Scène 9

NÉRON, BURRHUS

BURRHUS

Que vois-je ? Ô ciel !

NÉRON, *sans voir Burrhus.*

Ainsi leurs feux[1] sont redoublés.
Je reconnais la main qui les a rassemblés.
Agrippine ne s'est présentée à ma vue,
Ne s'est dans ses discours si longtemps étendue,
Que pour faire jouer ce ressort odieux.
Qu'on sache si ma mère est encore en ces lieux.
Burrhus, dans ce palais je veux qu'on la retienne,
Et qu'au lieu de sa garde on lui donne la mienne.

BURRHUS

Quoi, Seigneur ? sans l'ouïr ? Une mère ?

NÉRON

Arrêtez.
J'ignore quel projet, Burrhus, vous méditez,
Mais depuis quelques jours tout ce que je désire
Trouve en vous un censeur prêt à me contredire.
Répondez-m'en, vous dis-je ; ou sur votre refus
D'autres me répondront et d'elle et de Burrhus.

Vocabulaire
1. *Leurs feux* : leur amour.

Acte IV

Scène 1

AGRIPPINE, BURRHUS

BURRHUS

Oui, Madame, à loisir vous pourrez vous défendre :
César lui-même ici consent de[1] vous entendre.
Si son ordre au palais vous a fait retenir,
C'est peut-être à dessein de vous entretenir.
Quoi qu'il en soit, si j'ose expliquer ma pensée,
Ne vous souvenez plus qu'il vous ait offensée :
Préparez-vous plutôt à lui tendre les bras ;
Défendez-vous, Madame, et ne l'accusez pas.
Vous voyez, c'est lui seul que la cour envisage[2].
Quoiqu'il soit votre fils, et même votre ouvrage,
Il est votre empereur. Vous êtes, comme nous,
Sujette à ce pouvoir qu'il a reçu de vous.
Selon qu'il vous menace, ou bien qu'il vous caresse,
La cour autour de vous ou s'écarte ou s'empresse.
C'est son appui qu'on cherche en cherchant votre appui.
Mais voici l'empereur.

AGRIPPINE

Qu'on me laisse avec lui.

Vocabulaire

1. *Consent de* : consent à, accepte de.

2. *C'est lui seul que la cour envisage* : c'est en fonction de lui que la cour agit.

Scène 2

NÉRON, AGRIPPINE

AGRIPPINE, *s'asseyant.*

Approchez-vous, Néron, et prenez votre place.
On[1] veut sur vos soupçons que je vous satisfasse[2].
J'ignore de quel crime on a pu me noircir :
De tous ceux que j'ai faits je vais vous éclaircir.
Vous régnez : vous savez combien votre naissance
Entre l'empire et vous avait mis de distance.
Les droits de mes aïeux[3], que Rome a consacrés,
Étaient même sans moi d'inutiles degrés.
Quand de Britannicus la mère condamnée[4]
Laissa de Claudius disputer l'hyménée[5],
Parmi tant de beautés qui briguèrent son choix,
Qui de ses affranchis mendièrent les voix[6],
Je souhaitai son lit, dans la seule pensée
De vous laisser au trône où je serais placée.
Je fléchis mon orgueil, j'allai prier Pallas.
Son maître, chaque jour caressé dans mes bras,
Prit insensiblement dans les yeux de sa nièce
L'amour où je voulais amener sa tendresse.

Vocabulaire et références

1. *On* : Burrhus.
2. *Que je vous satisfasse* : que je vous donne des explications satisfaisantes.
3. *Les droits de mes aïeux* : Agrippine appartient à la lignée d'Auguste.
4. *La mère condamnée* : Messaline qui fut accusée de conspiration contre son mari Claude et condamnée à mort.
5. *L'hyménée* : le mariage.
6. *Qui de ses affranchis mendièrent les voix* : chacun des conseillers de Claude (Pallas, Calliste et Narcisse) lui proposa une nouvelle épouse. C'est Pallas qui permit à Agrippine de l'emporter.

Mais ce lien du sang qui nous joignait tous deux
Écartait Claudius d'un lit incestueux ;
Il n'osait épouser la fille de son frère.
Le sénat fut séduit[1] : une loi moins sévère
Mit Claude dans mon lit, et Rome à mes genoux.
C'était beaucoup pour moi, ce n'était rien pour vous.
Je vous fis sur mes pas entrer dans sa famille :
Je vous nommai son gendre, et vous donnai sa fille ;
Silanus, qui l'aimait, s'en vit abandonné
Et marqua de son sang ce jour infortuné.
Ce n'était rien encore. Eussiez-vous pu prétendre
Qu'un jour Claude à son fils pût préférer son gendre ?
De ce même Pallas j'implorai le secours :
Claude vous adopta, vaincu par ses discours,
Vous appela Néron, et du pouvoir suprême
Voulut, avant le temps, vous faire part lui-même.
C'est alors que chacun, rappelant le passé,
Découvrit mon dessein déjà trop avancé,
Que de Britannicus la disgrâce future
Des amis de son père excita le murmure.
Mes promesses aux uns éblouirent les yeux ;
L'exil me délivra des plus séditieux[2] ;
Claude même, lassé de ma plainte éternelle,
Éloigna de son fils tous ceux de qui le zèle,
Engagé dès longtemps à suivre son destin,
Pouvait du trône encor lui rouvrir le chemin.

Vocabulaire

1. *Séduit* : corrompu. **2.** *Séditieux* : rebelles.

Je fis plus : je choisis moi-même dans ma suite
Ceux à qui je voulais qu'on livrât sa conduite[1] ;
J'eus soin de vous nommer, par un contraire choix[2],
Des gouverneurs que Rome honorait de sa voix ;
Je fus sourde à la brigue[3], et crus la renommée :
J'appelai de l'exil, je tirai de l'armée,
Et ce même Sénèque, et ce même Burrhus,
Qui depuis... Rome alors estimait leurs vertus.
De Claude en même temps épuisant les richesses,
Ma main, sous votre nom, répandait ses largesses.
Les spectacles, les dons, invincibles appas,
Vous attiraient les cœurs du peuple et des soldats,
Qui d'ailleurs, réveillant leur tendresse première,
Favorisaient en vous Germanicus mon père.
Cependant Claudius penchait vers son déclin.
Ses yeux, longtemps fermés, s'ouvrirent à la fin :
Il connut son erreur. Occupé de sa crainte,
Il laissa pour son fils échapper quelque plainte,
Et voulut, mais trop tard, assembler ses amis.
Ses gardes, son palais, son lit m'étaient soumis.
Je lui laissai sans fruit[4] consumer sa tendresse ;
De ses derniers soupirs je me rendis maîtresse :
Mes soins, en apparence, épargnant ses douleurs,
De son fils, en mourant, lui cachèrent les pleurs.

Vocabulaire

1. *Sa conduite* : son éducation.
2. *Contraire choix* : choix radicalement différent.
3. *Brigue* : manœuvre pour s'assurer un avantage, une charge.
4. *Sans fruit* : sans résultat.

Il mourut. Mille bruits en courent à ma honte[1].
J'arrêtai de sa mort la nouvelle trop prompte,
Et tandis que Burrhus allait secrètement
De l'armée en vos mains exiger le serment,
Que vous marchiez au camp, conduit sous mes auspices,
Dans Rome les autels fumaient de sacrifices :
Par mes ordres trompeurs tout le peuple excité
Du prince déjà mort demandait la santé.
Enfin des légions l'entière obéissance
Ayant de votre empire affermi la puissance,
On vit Claude, et le peuple, étonné de son sort,
Apprit en même temps votre règne et sa mort.
C'est le sincère aveu que je voulais vous faire.
Voilà tous mes forfaits. En voici le salaire.
Du fruit de tant de soins à peine jouissant
En avez-vous six mois paru reconnaissant,
Que lassé d'un respect qui vous gênait peut-être,
Vous avez affecté de ne me plus connaître.
J'ai vu Burrhus, Sénèque, aigrissant vos soupçons,
De l'infidélité vous tracer des leçons,
Ravis d'être vaincus dans leur propre science.
J'ai vu favorisés de votre confiance
Othon[2], Sénécion[3], jeunes voluptueux,

Références et noms propres

1. *Mille bruits en courent à ma honte* : Agrippine est soupçonnée d'avoir empoisonné Claude.

2. *Othon* : favori de Néron ; ce dernier le fit exiler pour prendre sa femme, Poppée, comme épouse.

3. *Sénécion* : affranchi dont les débauches sont célèbres.

Et de tous vos plaisirs flatteurs respectueux ;
Et lorsque vos mépris excitant mes murmures,
Je vous ai demandé raison de tant d'injures,
Seul recours d'un ingrat qui se voit confondu,
Par de nouveaux affronts vous m'avez répondu.
Aujourd'hui je promets Junie à votre frère,
Ils se flattent tous deux du choix de votre mère :
Que faites-vous ? Junie, enlevée à la cour[1],
Devient en une nuit l'objet de votre amour ;
Je vois de votre cœur Octavie effacée,
Prête à sortir du lit où je l'avais placée ;
Je vois Pallas banni, votre frère arrêté ;
Vous attentez enfin jusqu'à ma liberté :
Burrhus ose sur moi porter ses mains hardies.
Et lorsque, convaincu de tant de perfidies,
Vous deviez ne me voir que pour les expier,
C'est vous qui m'ordonnez de me justifier.

NÉRON

Je me souviens toujours que je vous dois l'empire,
Et sans vous fatiguer du soin de le redire,
Votre bonté, Madame, avec tranquillité
Pouvait se reposer sur ma fidélité.
Aussi bien ces soupçons, ces plaintes assidues,
Ont fait croire à tous ceux qui les ont entendues
Que jadis (j'ose ici vous le dire entre nous)

Vocabulaire
1. *Enlevée à la cour* : enlevée pour être amenée à la cour.

Vous n'aviez, sous mon nom, travaillé que pour vous.
« Tant d'honneurs, disaient-ils, et tant de déférences,
Sont-ce de ses bienfaits de faibles récompenses ?
Quel crime a donc commis ce fils tant condamné ?
Est-ce pour obéir qu'elle l'a couronné ?
N'est-il de son pouvoir que le dépositaire ? »
Non que, si jusque-là j'avais pu vous complaire,
Je n'eusse pris plaisir, Madame, à vous céder
Ce pouvoir que vos cris semblaient redemander ;
Mais Rome veut un maître, et non une maîtresse.
Vous entendiez les bruits qu'excitait ma faiblesse.
Le sénat chaque jour et le peuple, irrités
De s'ouïr par ma voix dicter vos volontés,
Publiaient qu'en mourant Claude avec sa puissance
M'avait encor laissé sa simple obéissance.
Vous avez vu cent fois nos soldats en courroux
Porter en murmurant leurs aigles[1] devant vous,
Honteux de rabaisser par cet indigne usage
Les héros dont encore elles portent l'image.
Toute autre se serait rendue à leurs discours,
Mais si vous ne régnez, vous vous plaignez toujours.
Avec Britannicus contre moi réunie,
Vous le fortifiez du parti de Junie,
Et la main de Pallas trame tous ces complots.
Et lorsque malgré moi j'assure mon repos,

Vocabulaire

1. *Leurs aigles* : emblèmes des légions romaines. Terme féminin qui explique l'emploi du pronom personnel « elles » au vers 150.

On vous voit de colère et de haine animée.
Vous voulez présenter mon rival à l'armée :
Déjà jusques au camp le bruit en a couru.

AGRIPPINE

Moi, le faire empereur ? Ingrat ! L'avez-vous cru ?
Quel serait mon dessein ? Qu'aurais-je pu prétendre ?
Quels honneurs dans sa cour, quel rang pourrais-je attendre ?
Ah ! si sous votre empire on ne m'épargne pas,
Si mes accusateurs observent tous mes pas,
Si de leur empereur ils poursuivent la mère,
Que ferais-je au milieu d'une cour étrangère ?
Ils me reprocheraient, non des cris impuissants,
Des desseins étouffés aussitôt que naissants,
Mais des crimes pour vous commis à votre vue,
Et dont je ne serais que trop tôt convaincue.
Vous ne me trompez point, je vois tous vos détours :
Vous êtes un ingrat, vous le fûtes toujours.
Dès vos plus jeunes ans, mes soins et mes tendresses
N'ont arraché de vous que de feintes caresses.
Rien ne vous a pu vaincre, et votre dureté
Aurait dû dans son cours arrêter ma bonté.
Que je suis malheureuse ! Et par quelle infortune
Faut-il que tous mes soins me rendent importune ?
Je n'ai qu'un fils. Ô ciel, qui m'entends aujourd'hui,
T'ai-je fait quelques vœux qui ne fussent pour lui ?
Remords, crainte, périls, rien ne m'a retenue ;
J'ai vaincu ses mépris ; j'ai détourné ma vue
Des malheurs qui dès lors me furent annoncés ;

J'ai fait ce que j'ai pu : vous régnez, c'est assez.
Avec ma liberté que vous m'avez ravie,
Si vous le souhaitez prenez encor ma vie,
Pourvu que par ma mort tout le peuple irrité
Ne vous ravisse pas ce qui m'a tant coûté.

NÉRON

Eh bien donc ! Prononcez. Que voulez-vous qu'on fasse ?

AGRIPPINE

De mes accusateurs qu'on punisse l'audace ;
Que de Britannicus on calme le courroux ;
Que Junie à son choix puisse prendre un époux ;
Qu'ils soient libres tous deux, et que Pallas demeure ;
Que vous me permettiez de vous voir toute heure ;
Que ce même Burrhus, qui nous vient écouter,
À votre porte enfin n'ose plus m'arrêter.

NÉRON

Oui, Madame, je veux que ma reconnaissance
Désormais dans les cœurs grave votre puissance,
Et je bénis déjà cette heureuse froideur[1],
Qui de notre amitié va rallumer l'ardeur.
Quoi que Pallas ait fait, il suffit, je l'oublie,
Avec Britannicus je me réconcilie,
Et quant à cet amour qui nous a séparés,
Je vous fais notre arbitre, et vous nous jugerez.

Vocabulaire
1. *Froideur* : querelle.

Allez donc, et portez cette joie à mon frère.
Gardes, qu'on obéisse aux ordres de ma mère.

Scène 3

NÉRON, BURRHUS

BURRHUS

Que cette paix, Seigneur, et ces embrassements
Vont offrir à mes yeux des spectacles charmants !
Vous savez si jamais ma voix lui fut contraire,
Si de son amitié j'ai voulu vous distraire,
Et si j'ai mérité cet injuste courroux.

NÉRON

Je ne vous flatte point, je me plaignais de vous,
Burrhus : je vous ai crus tous deux d'intelligence,
Mais son inimitié vous rend ma confiance.
Elle se hâte trop, Burrhus, de triompher :
J'embrasse mon rival, mais c'est pour l'étouffer.

BURRHUS

Quoi, Seigneur ?

NÉRON

C'en est trop : il faut que sa ruine
Me délivre à jamais des fureurs d'Agrippine.
Tant qu'il respirera je ne vis qu'à demi.
Elle m'a fatigué de[1] ce nom ennemi ;

Vocabulaire
1. *M'a fatigué de* : m'a importuné avec.

Et je ne prétends pas que sa coupable audace
Une seconde fois lui promette ma place.

BURRHUS

Elle va donc bientôt pleurer Britannicus ?

NÉRON

Avant la fin du jour je ne le craindrai plus.

BURRHUS

Et qui de ce dessein vous inspire l'envie ?

NÉRON

Ma gloire, mon amour, ma sûreté, ma vie.

BURRHUS

Non, quoi que vous disiez, cet horrible dessein
Ne fut jamais, Seigneur, conçu dans votre sein.

NÉRON

Burrhus !

BURRHUS

De votre bouche, ô ciel ! puis-je l'apprendre ?
Vous-même sans frémir avez-vous pu l'entendre ?
Songez-vous dans quel sang vous allez vous baigner ?
Néron dans tous les cœurs est-il las de régner ?
Que dira-t-on de vous ? Quelle est votre pensée ?

NÉRON

Quoi ? toujours enchaîné de ma gloire passée,
J'aurai devant les yeux je ne sais quel amour
Que le hasard nous donne et nous ôte en un jour ?
Soumis à tous leurs vœux, à mes désirs contraire,
Suis-je leur empereur seulement pour leur plaire ?

Burrhus

Et ne suffit-il pas, Seigneur, à vos souhaits
Que le bonheur public soit un de vos bienfaits ?
C'est à vous à choisir, vous êtes encor maître.
Vertueux jusqu'ici, vous pouvez toujours l'être :
Le chemin est tracé, rien ne vous retient plus ;
Vous n'avez qu'à marcher de vertus en vertus.
Mais si de vos flatteurs vous suivez la maxime,
Il vous faudra, Seigneur, courir de crime en crime,
Soutenir vos rigueurs par d'autres cruautés,
Et laver dans le sang vos bras ensanglantés.
Britannicus mourant excitera le zèle
De ses amis, tout prêts à prendre sa querelle.
Ces vengeurs trouveront de nouveaux défenseurs,
Qui, même après leur mort, auront des successeurs.
Vous allumez un feu qui ne pourra s'éteindre.
Craint de tout l'univers, il vous faudra tout craindre,
Toujours punir, toujours trembler dans vos projets,
Et pour vos ennemis compter tous vos sujets.
Ah ! de vos premiers ans l'heureuse expérience
Vous fait-elle, Seigneur, haïr votre innocence ?
Songez-vous au bonheur qui les a signalés ?
Dans quel repos, ô ciel ! les avez-vous coulés !
Quel plaisir de penser et de dire en vous-même :
« Partout, en ce moment, on me bénit, on m'aime ;
On ne voit point le peuple à mon nom s'alarmer ;
Le ciel dans tous leurs pleurs ne m'entend point nommer ;
Leur sombre inimitié ne fuit point mon visage ;

Je vois voler partout les cœurs à mon passage ! »
Tels étaient vos plaisirs. Quel changement, ô dieux !
Le sang le plus abject vous était précieux.
Un jour, il m'en souvient, le sénat équitable
Vous pressait de souscrire à la mort d'un coupable ;
Vous résistiez, Seigneur, à leur sévérité[1] :
Votre cœur s'accusait de trop de cruauté,
Et plaignant les malheurs attachés à l'empire[2] :
« Je voudrais, disiez-vous, ne savoir pas écrire. »
Non, ou vous me croirez, ou bien de ce malheur
Ma mort m'épargnera la vue et la douleur :
On ne me verra point survivre à votre gloire ;
Si vous allez commettre une action si noire,
(Il se jette à genoux.)
Me voilà prêt, Seigneur : avant que de partir,
Faites percer ce cœur qui n'y peut consentir ;
Appelez les cruels qui vous l'ont inspirée,
Qu'ils viennent essayer leur main mal assurée...
Mais je vois que mes pleurs touchent mon empereur,
Je vois que sa vertu frémit de leur fureur.
Ne perdez point de temps, nommez-moi les perfides
Qui vous osent donner ces conseils parricides[3] ;
Appelez votre frère, oubliez dans ses bras...

Vocabulaire

1. *Leur sévérité* : la sévérité du sénat.
2. *Attachés à l'empire* : liés à la charge d'empereur.
3. *Parricides* : visant à tuer un membre de votre famille.

NÉRON

Ah ! que demandez-vous ?

BURRHUS

Non, il ne vous hait pas,
Seigneur ; on le trahit : je sais son innocence ;
Je vous réponds pour lui de son obéissance.
J'y cours. Je vais presser un entretien si doux.

NÉRON

Dans mon appartement qu'il m'attende avec vous.

Scène 4

NÉRON, NARCISSE

NARCISSE

Seigneur, j'ai tout prévu pour une mort si juste.
Le poison est tout prêt. La fameuse Locuste[1]
A redoublé pour moi ses soins officieux[2] :
Elle a fait expirer un esclave à mes yeux ;
Et le fer est moins prompt pour trancher une vie
Que le nouveau poison que sa main me confie.

NÉRON

Narcisse, c'est assez ; je reconnais[3] ce soin,
Et ne souhaite pas que vous alliez plus loin.

Vocabulaire et nom propre

1. *Locuste* : empoisonneuse qui fournit le poison pour l'assassinat de Claude et de Britannicus.

2. *Officieux* : empressés (sens vieilli) ou secrets.

3. *Je reconnais* : je suis reconnaissant de.

NARCISSE

Quoi ? pour Britannicus votre haine affaiblie
Me défend…

NÉRON

Oui, Narcisse : on nous réconcilie.

NARCISSE

Je me garderai bien de vous en détourner,
Seigneur. Mais il s'est vu tantôt emprisonner :
Cette offense en son cœur sera longtemps nouvelle[1].
Il n'est point de secrets que le temps ne révèle :
Il saura que ma main lui devait présenter
Un poison que votre ordre avait fait apprêter.
Les dieux de ce dessein puissent-ils le distraire !
Mais peut-être il fera ce que vous n'osez faire.

NÉRON

On répond de son cœur, et je vaincrai le mien.

NARCISSE

Et l'hymen de Junie en est-il le lien ?
Seigneur, lui faites-vous encor ce sacrifice ?

NÉRON

C'est prendre trop de soin. Quoi qu'il en soit, Narcisse,
Je ne le compte plus parmi mes ennemis.

NARCISSE

Agrippine, Seigneur, se l'était bien promis :
Elle a repris sur vous son souverain empire.

Vocabulaire
1. *Nouvelle* : vive, forte.

NÉRON

Quoi donc ? Qu'a-t-elle dit ? Et que voulez-vous dire ?

NARCISSE

Elle s'en est vantée assez publiquement.

NÉRON

De quoi ?

NARCISSE

Qu'elle n'avait qu'à vous voir un moment,
Qu'à tout ce grand éclat, à ce courroux funeste,
On verrait succéder un silence modeste ;
Que vous-même à la paix souscririez le premier,
Heureux que sa bonté daignât tout oublier.

NÉRON

Mais, Narcisse, dis-moi, que veux-tu que je fasse ?
Je n'ai que trop de pente à punir son audace,
Et si je m'en croyais, ce triomphe indiscret[1]
Serait bientôt suivi d'un éternel regret.
Mais de tout l'univers quel sera le langage ?
Sur les pas des tyrans veux-tu que je m'engage,
Et que Rome, effaçant tant de titres d'honneur,
Me laisse pour tous noms celui d'empoisonneur ?
Ils[2] mettront ma vengeance au rang des parricides.

NARCISSE

Et prenez-vous, Seigneur, leurs caprices pour guides ?
Avez-vous prétendu qu'ils se tairaient toujours ?

Vocabulaire et références
1. *Indiscret* : immodéré. **2.** *Ils* : les Romains.

Est-ce à vous de prêter l'oreille à leurs discours ?
De vos propres désirs perdrez-vous la mémoire ?
Et serez-vous le seul que vous n'oserez croire ?
Mais, Seigneur, les Romains ne vous sont pas connus.
Non, non, dans leurs discours ils sont plus retenus.
Tant de précaution affaiblit votre règne :
Ils croiront, en effet, mériter qu'on les craigne.
Au joug, depuis longtemps, ils se sont façonnés :
Ils adorent la main qui les tient enchaînés.
Vous les verrez toujours ardents à vous complaire.
Leur prompte servitude a fatigué Tibère[1].
Moi-même, revêtu d'un pouvoir emprunté,
Que je reçus de Claude avec la liberté,
J'ai cent fois, dans le cours de ma gloire passée,
Tenté leur patience, et ne l'ai point lassée.
D'un empoisonnement vous craignez la noirceur ?
Faites périr le frère, abandonnez la sœur ;
Rome, sur ses autels, prodiguant les victimes,
Fussent-ils innocents, leur trouvera des crimes ;
Vous verrez mettre au rang des jours infortunés[2]
Ceux où jadis la sœur et le frère sont nés.

NÉRON

Narcisse, encore un coup[3], je ne puis l'entreprendre.
J'ai promis à Burrhus, il a fallu me rendre.
Je ne veux point encore, en lui manquant de foi,

Vocabulaire et références

1. *Leur prompte servitude a fatigué Tibère* : Tibère, lassé de la cour, se retira à Capri d'où il exerça son pouvoir.

2. *Infortunés* : sombres.

3. *Encore un coup* : une nouvelle fois.

Donner à sa vertu des armes contre moi.
J'oppose à ses raisons un courage inutile :
Je ne l'écoute point avec un cœur tranquille.

NARCISSE

Burrhus ne pense pas, Seigneur, tout ce qu'il dit :
Son adroite vertu ménage son crédit.
Ou plutôt ils n'ont tous qu'une même pensée :
Ils verraient par ce coup leur puissance abaissée ;
Vous seriez libre alors, Seigneur ; et devant vous,
Ces maîtres orgueilleux fléchiraient comme nous.
Quoi donc ? ignorez-vous tout ce qu'ils osent dire ?
« Néron, s'ils en sont crus, n'est point né pour l'empire ;
Il ne dit, il ne fait que ce qu'on lui prescrit :
Burrhus conduit son cœur, Sénèque son esprit.
Pour toute ambition, pour vertu singulière[1],
Il excelle à conduire un char dans la carrière,
À disputer des prix indignes de ses mains,
À se donner lui-même en spectacle aux Romains,
À venir prodiguer sa voix sur un théâtre,
À réciter des chants qu'il veut qu'on idolâtre[2],
Tandis que des soldats, de moments en moments,
Vont arracher pour lui les applaudissements. »
Ah ! ne voulez-vous pas les forcer à se taire ?

NÉRON

Viens, Narcisse. Allons voir ce que nous devons faire.

Vocabulaire et références
1. *Singulière* : personnelle.
2. *Il excelle à [...] idolâtre* : Narcisse énumère ici les plaisirs et prétentions sportives et artistiques que Suétone prête à Néron dans sa *Vie des douze Césars.*

Acte V

Scène 1

BRITANNICUS, JUNIE

BRITANNICUS

Oui, Madame, Néron (qui l'aurait pu penser ?)
Dans son appartement m'attend pour m'embrasser[1].
Il y fait de sa cour inviter la jeunesse :
Il veut que d'un festin la pompe et l'allégresse
Confirment à leurs yeux[2] la foi de nos serments,
Et réchauffent l'ardeur de nos embrassements.
Il éteint cet amour[3], source de tant de haine,
Il vous fait de mon sort arbitre souveraine.
Pour moi, quoique banni du rang de mes aïeux,
Quoique de leur dépouille il se pare à mes yeux,
Depuis qu'à mon amour cessant d'être contraire
Il semble me céder la gloire de vous plaire,
Mon cœur, je l'avouerai, lui pardonne en secret,
Et lui laisse le reste avec moins de regret.
Quoi ! je ne serai plus séparé de vos charmes ?
Quoi ! même en ce moment, je puis voir sans alarmes

Vocabulaire et références

1. *M'embrasser* : reprise du verbe employé par Néron, acte IV, scène 3 (« J'embrasse mon rival, mais c'est pour l'étouffer », v. 216) et qui a donc une résonance terrifiante pour le spectateur.

2. *À leurs yeux* : aux yeux de la cour.

3. *Cet amour* : l'amour de Néron pour Junie.

Ces yeux que n'ont émus ni soupirs ni terreur,
Qui m'ont sacrifié l'empire et l'empereur !
Ah ! Madame... Mais quoi ? Quelle nouvelle crainte
Tient parmi mes transports votre joie en contrainte ?
D'où vient qu'en m'écoutant, vos yeux, vos tristes yeux,
Avec de longs regards se tournent vers les cieux ?
Qu'est-ce que vous craignez ?

JUNIE

Je l'ignore moi-même ;
Mais je crains.

BRITANNICUS

Vous m'aimez ?

JUNIE

Hélas ! si je vous aime ?

BRITANNICUS

Néron ne trouble plus notre félicité.

JUNIE

Mais me répondez-vous de sa sincérité ?

BRITANNICUS

Quoi ? vous le soupçonnez d'une haine couverte[1] ?

JUNIE

Néron m'aimait tantôt, il jurait votre perte ;
Il me fuit, il vous cherche : un si grand changement
Peut-il être, Seigneur, l'ouvrage d'un moment ?

Vocabulaire
1. *Couverte* : dissimulée.

BRITANNICUS

Cet ouvrage, Madame, est un coup d'Agrippine :
Elle a cru que ma perte entraînait sa ruine.
Grâce aux préventions[1] de son esprit jaloux,
Nos plus grands ennemis ont combattu pour nous.
Je m'en fie aux transports qu'elle m'a fait paraître ;
Je m'en fie à Burrhus ; j'en crois même son maître :
Je crois qu'à mon exemple impuissant à trahir,
Il hait à cœur ouvert, ou cesse de haïr.

JUNIE

Seigneur, ne jugez pas de son cœur par le vôtre :
Sur des pas différents vous marchez l'un et l'autre.
Je ne connais Néron et la cour que d'un jour,
Mais, si j'ose le dire, hélas ! dans cette cour,
Combien tout ce qu'on dit est loin de ce qu'on pense !
Que la bouche et le cœur sont peu d'intelligence[2] !
Avec combien de joie on y trahit sa foi !
Quel séjour étranger et pour vous et pour moi !

BRITANNICUS

Mais que son amitié soit véritable ou feinte,
Si vous craignez Néron, lui-même est-il sans crainte ?
Non, non, il n'ira point, par un lâche attentat,
Soulever contre lui le peuple et le sénat.
Que dis-je ? Il reconnaît sa dernière injustice.
Ses remords ont paru, même aux yeux de Narcisse.
Ah ! s'il vous avait dit, ma Princesse, à quel point…

Vocabulaire
1. *Aux préventions* : à la méfiance. **2.** *D'intelligence* : en accord, complices.

JUNIE

Mais Narcisse, seigneur, ne vous trahit-il point ?

BRITANNICUS

Et pourquoi voulez-vous que mon cœur s'en défie ?

JUNIE

Et que sais-je ? Il y va, Seigneur, de votre vie.
Tout m'est suspect : je crains que tout ne soit séduit[1].
Je crains Néron, je crains le malheur qui me suit.
D'un noir pressentiment malgré moi prévenue,
Je vous laisse à regret éloigner de ma vue.
Hélas ! si cette paix dont vous vous repaissez
Couvrait contre vos jours quelques pièges dressés !
Si Néron, irrité de notre intelligence[2],
Avait choisi la nuit pour cacher sa vengeance !
S'il préparait ses coups tandis que je vous vois !
Et si je vous parlais pour la dernière fois !
Ah ! Prince !

BRITANNICUS

Vous pleurez ! Ah ! ma chère Princesse !
Et pour moi jusque-là votre cœur s'intéresse ?
Quoi, Madame ? en un jour où plein de sa grandeur
Néron croit éblouir vos yeux de sa splendeur,
Dans des lieux où chacun me fuit et le révère,
Aux pompes de sa cour préférer ma misère[3] ?
Quoi ? dans ce même jour et dans ces mêmes lieux,

Vocabulaire

1. *Séduit* : corrompu.
2. *Intelligence* : complicité.
3. *Ma misère* : mon infortune.

Refuser un empire et pleurer à mes yeux ?
Mais, Madame, arrêtez ces précieuses larmes :
Mon retour va bientôt dissiper vos alarmes.
Je me rendrais suspect par un plus long séjour[1].
Adieu. Je vais, le cœur tout plein de mon amour,
Au milieu des transports[2] d'une aveugle jeunesse[3],
Ne voir, n'entretenir que ma belle princesse.
Adieu.

JUNIE

Prince…

BRITANNICUS

On m'attend, Madame, il faut partir.

JUNIE

Mais du moins attendez qu'on vous vienne avertir.

Scène 2

AGRIPPINE, BRITANNICUS, JUNIE

AGRIPPINE

Prince, que[4] tardez-vous ? Partez en diligence[5] :
Néron impatient se plaint de votre absence.
La joie et le plaisir de tous les conviés
Attend[6] pour éclater que vous vous embrassiez.

Vocabulaire

1. *Par un plus long séjour* : en restant plus longtemps.
2. *Transports* : sentiments passionnés.
3. *Aveugle jeunesse* : jeunesse qui ne connaît pas le bonheur d'être aimée de Junie.
4. *Que* : pourquoi.
5. *En diligence* : promptement.
6. *Attend* : mis pour « attendent », accord avec le sujet le plus proche.

Ne faites point languir une si juste envie ;
Allez. Et nous, Madame, allons chez Octavie.

BRITANNICUS

Allez, belle Junie, et d'un esprit content,
Hâtez-vous d'embrasser ma sœur qui vous attend.
Dès que je le pourrai, je reviens sur vos traces,
Madame, et de vos soins j'irai vous rendre grâces.

Scène 3

AGRIPPINE, JUNIE

AGRIPPINE

Madame, ou je me trompe, ou durant vos adieux,
Quelques pleurs répandus ont obscurci vos yeux.
Puis-je savoir quel trouble a formé ce nuage ?
Doutez-vous d'une paix dont je fais mon ouvrage ?

JUNIE

Après tous les ennuis que ce jour m'a coûtés,
Ai-je pu rassurer mes esprits agités ?
Hélas ! à peine encor je conçois ce miracle,
Quand même à vos bontés, je craindrais quelque obstacle,
Le changement, Madame, est commun à la cour,
Et toujours quelque crainte accompagne l'amour.

AGRIPPINE

Il suffit. J'ai parlé, tout a changé de face.
Mes soins à vos soupçons ne laissent point de place.
Je réponds d'une paix jurée entre mes mains,
Néron m'en a donné des gages trops certains.

Ah ! si vous aviez vu par combien de caresses
Il m'a renouvelé la foi de ses promesses !
Par quels embrassements il vient de m'arrêter !
Ses bras, dans nos adieux, ne pouvaient me quitter.
Sa facile bonté, sur son front répandue,
Jusqu'aux moindres secrets est d'abord descendue :
Il s'épanchait en fils qui vient en liberté
Dans le sein de sa mère oublier sa fierté,
Mais bientôt, reprenant un visage sévère,
Tel que d'un empereur qui consulte sa mère,
Sa confidence auguste a mis entre mes mains
Des secrets d'où dépend le destin des humains.
Non, il le faut ici confesser à sa gloire,
Son cœur n'enferme point une malice[1] noire,
Et nos seuls ennemis, altérant sa bonté,
Abusaient contre nous de sa facilité[2].
Mais enfin, à son tour, leur puissance décline ;
Rome encore une fois va connaître Agrippine ;
Déjà de ma faveur on adore le bruit[3].
Cependant en ces lieux n'attendons pas la nuit :
Passons chez Octavie, et donnons-lui le reste
D'un jour autant heureux que je l'ai cru funeste.
Mais qu'est-ce que j'entends ? Quel tumulte confus ?
Que peut-on faire ?

Vocabulaire

1. *Malice* : méchanceté.
2. *Sa facilité* : son indulgence.
3. *Le bruit* : l'éclat, la réputation.

JUNIE

Ô ciel ! sauvez Britannicus !

Scène 4

AGRIPPINE, JUNIE, BURRHUS

AGRIPPINE

Burrhus, où courez-vous ? Arrêtez. Que veut dire…

BURRHUS

Madame, c'en est fait, Britannicus expire.

JUNIE

Ah ! mon Prince !

AGRIPPINE

Il expire ?

BURRHUS

Ou plutôt il est mort,
Madame.

JUNIE

Pardonnez, Madame, à ce transport.
Je vais le secourir, si je puis, ou le suivre.

Scène 5

AGRIPPINE, BURRHUS

AGRIPPINE

Quel attentat, Burrhus !

BURRHUS

Je n'y pourrai survivre,
Madame : il faut quitter la cour et l'empereur.

AGRIPPINE

Quoi ? du sang de son frère il n'a point eu d'horreur ?

BURRHUS

Ce dessein s'est conduit avec plus de mystère.
À peine l'empereur a vu venir son frère,
Il se lève, il l'embrasse, on se tait, et soudain
César prend le premier une coupe à la main :
« Pour achever ce jour sous de meilleurs auspices,
Ma main de cette coupe épanche les prémices[1],
Dit-il, dieux, que j'appelle à cette effusion[2],
Venez favoriser notre réunion[3]. »
Par les mêmes serments Britannicus se lie.
La coupe dans ses mains par Narcisse est remplie,
Mais ses lèvres à peine en ont touché les bords...
Le fer ne produit point de si puissants efforts,
Madame : la lumière à ses yeux est ravie,
Il tombe sur son lit[4] sans chaleur et sans vie.
Jugez combien ce coup frappe tous les esprits :
La moitié s'épouvante et sort avec des cris,

Vocabulaire et références

1. *Ma main de cette coupe épanche les prémices* : ma main verse les premières gouttes de cette coupe, lesquelles étaient destinées aux dieux.
2. *Effusion* : action de répandre le contenu de la coupe.
3. *Réunion* : réconciliation.
4. *Sur son lit* : les riches Romains prenaient leurs repas allongés sur un lit de table.

Mais ceux qui de la cour ont un plus long usage
Sur les yeux de César composent leur visage.
Cependant sur son lit il demeure penché ;
D'aucun étonnement il ne paraît touché :
« Ce mal[1], dont vous craignez, dit-il, la violence
A souvent sans péril attaqué son enfance. »
Narcisse veut en vain affecter quelque ennui,
Et sa perfide joie éclate malgré lui.
Pour moi, dût l'empereur punir ma hardiesse,
D'une odieuse cour j'ai traversé la presse[2],
Et j'allais, accablé de cet assassinat,
Pleurer Britannicus, César et tout l'État.

AGRIPPINE

Le voici. Vous verrez si c'est moi qui l'inspire.

Scène 6[3]

NÉRON, AGRIPPINE, BURRHUS, NARCISSE

NÉRON, *voyant Agrippine.*

Dieux !

AGRIPPINE

Arrêtez, Néron : j'ai deux mots à vous dire.
Britannicus est mort, je reconnais les coups,
Je connais l'assassin.

Vocabulaire et références

1. *Ce mal* : Britannicus aurait souffert d'épilepsie.
2. *Presse* : foule serrée.
3. *Scène 6* : Racine a supprimé ici une courte scène entre Junie et Néron, sur le conseil de Boileau.

NÉRON

Et qui, Madame ?

AGRIPPINE

Vous.

NÉRON

Moi ! Voilà les soupçons dont vous êtes capable.
Il n'est point de malheur dont je ne sois coupable,
Et si l'on veut, Madame, écouter vos discours,
Ma main de Claude même aura tranché les jours.
Son fils vous était cher ; sa mort peut vous confondre[1],
Mais des coups du destin je ne puis pas répondre.

AGRIPPINE

Non, non, Britannicus est mort empoisonné :
Narcisse a fait le coup, vous l'avez ordonné.

NÉRON

Madame !... Mais qui peut vous tenir ce langage ?

NARCISSE

Hé Seigneur ! ce soupçon vous fait-il tant d'outrage ?
Britannicus, Madame, eut des desseins secrets
Qui vous auraient coûté de plus justes regrets.
Il aspirait plus loin qu'à l'hymen de Junie ;
De vos propres bontés il vous aurait punie.
Il vous trompait vous-même, et son cœur offensé
Prétendait tôt ou tard rappeler le passé.
Soit donc que malgré vous le sort vous ait servie,

Vocabulaire
1. *Vous confondre* : vous décontenancer, vous troubler.

Soit qu'instruit des complots qui menaçaient sa vie,
Sur ma fidélité César s'en soit remis,
Laissez les pleurs, Madame, à vos seuls ennemis ;
Qu'ils mettent ce malheur au rang des plus sinistres.
Mais vous…

AGRIPPINE

Poursuis, Néron ; avec de tels ministres[1],
Par des faits glorieux tu te vas signaler.
Poursuis. Tu n'as pas fait ce pas pour reculer.
Ta main a commencé par le sang de ton frère ;
Je prévois que tes coups viendront jusqu'à ta mère.
Dans le fond de ton cœur, je sais que tu me hais ;
Tu voudras t'affranchir du joug de mes bienfaits.
Mais je veux que ma mort te soit même inutile ;
Ne crois pas qu'en mourant je te laisse tranquille.
Rome, ce ciel, ce jour que tu reçus de moi,
Partout, à tout moment, m'offriront devant toi.
Tes remords te suivront comme autant de furies[2],
Tu croiras les calmer par d'autres barbaries :
Ta fureur[3], s'irritant soi-même dans son cours,
D'un sang toujours nouveau marquera tous tes jours.
Mais j'espère qu'enfin le ciel, las de tes crimes,
Ajoutera ta perte à tant d'autres victimes,

Vocabulaire

1. *Ministres* : serviteurs, exécutants.
2. *Furies* : divinités poursuivant inlassablement les criminels ; incarnations du remords.
3. *Fureur* : folie furieuse.

Qu'après t'être couvert de leur sang et du mien,
Tu te verras forcé de répandre le tien,
Et ton nom paraîtra dans la race future,
Aux plus cruels tyrans une cruelle injure.
Voilà ce que mon cœur se présage de toi[1].
Adieu. Tu peux sortir.

NÉRON

Narcisse, suivez-moi.

Scène 7

AGRIPPINE, BURRHUS

AGRIPPINE

Ah ciel ! de mes soupçons quelle était l'injustice !
Je condamnais Burrhus pour écouter Narcisse.
Burrhus, avez-vous vu quels regards furieux
Néron en me quittant m'a laissés pour adieux ?
C'en est fait, le cruel n'a plus rien qui l'arrête :
Le coup qu'on m'a prédit va tomber sur ma tête.
Il vous accablera vous-même à votre tour.

BURRHUS

Ah ! Madame, pour moi j'ai vécu trop d'un jour[1].
Plût au ciel que sa main, heureusement cruelle,
Eût fait sur moi l'essai de sa fureur nouvelle !
Qu'il ne m'eût pas donné, par ce triste[3] attentat,

Vocabulaire

1. *Se présage de toi* : présage pour toi.
2. *Trop d'un jour* : un jour de trop.
3. *Triste* : déplorable.

Un gage trop certain des malheurs de l'État !
Son crime seul n'est pas ce qui me désespère ;
Sa jalousie a pu l'armer contre son frère ;
Mais s'il vous faut, Madame, expliquer ma douleur :
Néron l'a vu mourir sans changer de couleur.
Ses yeux indifférents ont déjà la constance
D'un tyran dans le crime endurci dès l'enfance.
Qu'il achève, Madame, et qu'il fasse périr
Un ministre importun qui ne le peut souffrir.
Hélas ! loin de vouloir éviter sa colère,
La plus soudaine mort me sera la plus chère.

Scène 8

AGRIPPINE, BURRHUS, ALBINE

ALBINE

Ah Madame ! ah Seigneur ! courez vers l'empereur,
Venez sauver César de sa propre fureur :
Il se voit pour jamais séparé de Junie.

AGRIPPINE

Quoi ? Junie elle-même a terminé sa vie ?

ALBINE

Pour accabler César d'un éternel ennui[1],
Madame, sans mourir elle est morte pour lui.
Vous savez de ces lieux comme elle s'est ravie[2] :

Vocabulaire

1. *Ennui* : affliction.

2. *Comme elle s'est ravie* : comment elle s'est échappée.

Elle a feint de passer chez la triste Octavie ;
Mais bientôt elle a pris des chemins écartés
Où mes yeux ont suivi ses pas précipités.
Des portes du palais elle sort éperdue.
D'abord elle a d'Auguste aperçu la statue[1],
Et mouillant de ses pleurs le marbre de ses pieds,
Que de ses bras pressants elle tenait liés :
« Prince, par ces genoux, dit-elle, que j'embrasse[2],
Protège en ce moment le reste de ta race.
Rome, dans ton palais, vient de voir immoler
Le seul de tes neveux[3] qui te pût ressembler.
On veut après sa mort que je lui sois parjure ;
Mais pour lui conserver une foi toujours pure,
Prince, je me dévoue[4] à ces dieux immortels
Dont ta vertu t'a fait partager les autels[5]. »
Le peuple cependant, que ce spectacle étonne,
Vole de toutes parts, se presse, l'environne,
S'attendrit à ses pleurs, et plaignant son ennui,
D'une commune voix la prend sous son appui.
Ils la mènent au temple, où depuis tant d'années
Au culte des autels nos vierges[6] destinées
Gardent fidèlement le dépôt précieux

Vocabulaire et références

1. *La statue* : la statue d'Auguste était placée sur le Forum.
2. *J'embrasse* : j'étreins.
3. *Neveux* : descendants.
4. *Je me dévoue* : je me lie par des vœux.
5. *Dont ta vertu t'a fait partager les autels* : Auguste avait été divinisé après sa mort. On lui avait décerné l'apothéose.
6. *Vierges* : vestales, jeunes filles vierges consacrées au culte de Vesta, déesse du Foyer.

Du feu toujours ardent[1] qui brûle pour nos dieux.
César les voit partir sans oser les distraire[2].
Narcisse, plus hardi, s'empresse pour lui plaire :
Il vole vers Junie, et sans s'épouvanter,
D'une profane main[3] commence à l'arrêter.
De mille coups mortels, son audace est punie ;
Son infidèle sang rejaillit sur Junie[4].
César, de tant d'objets en même temps frappé,
Le laisse entre les mains qui l'ont enveloppé.
Il rentre. Chacun fuit son silence farouche.
Le seul nom de Junie échappe de sa bouche.
Il marche sans dessein, ses yeux mal assurés
N'osent lever au ciel leurs regards égarés,
Et l'on craint, si la nuit jointe à la solitude
Vient de son désespoir aigrir[5] l'inquiétude,
Si vous l'abandonnez plus longtemps sans secours,
Que sa douleur bientôt n'attente sur ses jours.
Le temps presse : courez. Il ne faut qu'un caprice ;
Il se perdrait[6], Madame.

AGRIPPINE

Il se ferait justice.

Vocabulaire et références

1. *Du feu toujours ardent* : le feu sacré était entretenu de manière continue par les vestales (voir note ci-dessus).
2. *Les distraire* : les détourner de ce projet.
3. *D'une profane main* : geste ainsi qualifié pour montrer que Narcisse rompt avec l'atmosphère sacrée qui règne alors.
4. *Son infidèle sang rejaillit sur Junie* : Racine offre une fiction de la mort de Narcisse qui, en réalité, avait été poussé au suicide dès l'arrivée au pouvoir de Néron.
5. *Aigrir* : exaspérer, accroître.
6. *Se perdrait* : se donnerait la mort.

Mais, Burrhus, allons voir jusqu'où vont ses transports[1].
Voyons quel changement produiront ses remords,
S'il voudra désormais suivre d'autres maximes.

BURRHUS

Plût aux dieux que ce fût le dernier de ses crimes !

Vocabulaire
1. *Ses transports* : son emportement.

Une exposition remarquable

LECTURE

Lecture du texte (préface et acte I, scène 1)

Des informations multiples

1. Lisez la seconde préface rédigée par Racine, datée de 1676 (p. 19-23) : quelle est la source principale d'inspiration de Racine ? Faites des recherches sur cet auteur.

2. Quelles sont les indications spatiales et temporelles données dans les vers 1 à 5 (p. 25) ? Quelle atmosphère instaurent-elles ?

3. Quel est le statut de chacun des personnages (p. 24) ? Quelle est la fonction d'Albine dans la scène 1 de l'acte I ? Sa présence se réduit-elle à cette seule fonction ?

4. Relevez, dans toute cette scène, les éléments qui vous informent sur le contexte historique et politique.

5. Quelles sont les causes objectives des craintes d'Agrippine ?

Agrippine : mère et/ou femme politique ?

6. Comment Agrippine nous est-elle présentée à travers son propre discours mais aussi dans les répliques d'Albine ?

7. Analysez les vers 95 et 96 (p. 30). Que révèlent-ils concernant le statut d'une femme de pouvoir dans la Rome antique ?

8. Quels vers sont les plus révélateurs de la volonté de puissance et de contrôle d'Agrippine ?

9. « Depuis ce coup fatal, le pouvoir d'Agrippine / Vers sa chute à grands pas chaque jour s'achemine. » Quels sont les procédés soulignant, dans ces vers 111 et 112 (p. 30), la perte d'influence d'Agrippine ?

10. Quelle est la nature exacte des relations qu'elle entretient avec son fils ? Quel portrait dresse-t-elle de lui ? Est-ce la mère ou la femme politique qui l'emporte ?

Une exposition remarquable

Une plongée dans les coulisses du pouvoir

11. Regardez la didascalie initiale (p. 24) Où se déroule l'intégralité de la pièce ? Commentez ce choix.

12. Quel personnage sort de la chambre de Néron à la fin de la scène 1 (p. 31). Qui est-il (*cf.* p. 24) ? Que révèle sa présence inattendue ?

13. Quels sont les jeux de pouvoir révélés dans cette scène ? Montrez qu'ils passent par la dissimulation et la manipulation.

Lecture d'image

14. Décrivez brièvement la composition de la sculpture. Commentez la posture des deux personnages et le geste d'Agrippine.

15. Quels passages de la scène 1 (p. 25-31) cette sculpture illustre-t-elle parfaitement ?

Sebasteion d'Aphrodisias, *Agrippine couronne Néron*, sculpture, entre 54 et 59.

Étude de la langue

Grammaire

16. « Je le craindrais bientôt, s'il ne me craignait plus » (p. 29, v. 74). Quels sont les temps et modes du verbe « craindre » ? Faites l'analyse grammaticale de cette phrase. Que traduit-elle ?

17. « Je vois mes honneurs croître et tomber mon crédit », déclare Agrippine (p. 29, v. 90). Quelle est la construction grammaticale de cette phrase ? Sur quelle figure de style repose-t-elle ? Que révèle-t-elle ?

Étymologie

18. Quelle est l'étymologie de l'adjectif « généreux » prononcé au vers 21 (p. 26) par Agrippine ? De quoi son emploi est-il révélateur ?

PATRIMOINE

19. Faites des recherches sur Caïus, évoqué au vers 40 (p. 27), et sur son règne. Qu'indique sa présence dans le discours d'Agrippine ?

20. Page 26 : qui est Auguste (*cf.* v. 32) ? Qu'incarne-t-il dans le discours d'Agrippine ?

EXPRESSION

Expression écrite

Exercice de synthèse

21. Montrez que cette scène d'exposition répond aux exigences de la dramaturgie classique selon laquelle une exposition se doit d'être « entière, courte, claire, intéressante et vraisemblable » (J. Scherer, *La Dramaturgie classique en France*, 1986).

CONTEXTUALISATION
L'esthétique classique

En réaction contre les outrances du mouvement baroque qui a marqué le début du XVIIe siècle, s'est progressivement développée et affirmée l'esthétique classique dont l'idéal est synonyme de **perfection**, d'**harmonie** et de **sobriété** en association avec le **culte de la raison**. Les artistes cultivent le **goût de la mesure**, soutenus en cela par une politique culturelle très forte, développée par Louis XIV, laquelle vise à la glorification de son règne. Les **jardins du château de Versailles** reflètent, par leur aménagement géométrique, la maîtrise de l'homme sur la nature, et les **tableaux de Poussin et Le Brun** – peintre officiel de Louis XIV – privilégient la contrainte formelle, gage d'une beauté idéale qui doit plaire pour mieux instruire.

Écrit d'argumentation

22. Racine dit de Néron qu'il est, dans sa tragédie, « un monstre naissant » (p. 13, l. 22). Dans quelle mesure le portrait composé par Agrippine répond-il, en partie, à cette définition ?

Expression orale

23. Lisez la tirade d'Agrippine pages 26 à 28, vers 31 à 58, en prenant soin d'adopter le ton requis.

Exposé

24. Cherchez des photographies de mises en scène de *Britannicus* où l'on voit les personnages de Néron et d'Agrippine. Comparez les choix opérés et la manière dont la mise en scène et le jeu des comédiens révèlent le caractère de chacun.

Débat

25. Le personnage de Néron est ici présenté par Albine et Agrippine, qui ont des points de vue opposés sur l'empereur. Imaginez un débat, nourri d'arguments précis empruntés au texte, entre deux personnages faisant pour l'un l'éloge de Néron, et pour l'autre son blâme.

Méthode — *Comment analyser un dialogue théâtral*

Le dialogue est au cœur de la dynamique théâtrale ; il nourrit la progression de l'intrigue. Pour analyser le dialogue théâtral, il faut :

→ identifier le nombre de **locuteurs**, leur statut et la nature de leur relation ;

→ repérer le **rythme des enchaînements** et prendre en considération la longueur des répliques (tirade, stichomythie, etc.) et leur répartition (est-elle équilibrée ? déséquilibrée ?) ;

→ caractériser la **nature de l'échange** (confidence, déclaration, aveu, échange polémique...) ;

→ s'intéresser au **ton** employé en prenant en compte les **types de phrases** utilisés (phrases interrogatives, déclaratives, impératives...) et le **registre littéraire** (comique, tragique, pathétique, lyrique, polémique, etc.).

La tragédie d'Agrippine ?

LECTURE

Lecture du texte (acte I, scène 2 ; acte IV, scène 2)

Le refus de la disgrâce

1. Quel est le signe majeur, au début de la scène 2 de l'acte I, de la disgrâce d'Agrippine (p. 31-32) ?

2. Acte I, scène 2, et acte IV, scène 2 : que rôle Agrippine se donne-t-elle par rapport à Burrhus, Sénèque et Néron ?

3. Acte IV, scène 2 : montrez que le récit d'Agrippine (p. 85-89) fait d'elle un véritable monstre politique.

Une lutte d'influence

4. Acte I, scène 2 : de quelle façon Agrippine se présente-t-elle dans le vers 156 (p. 33) ?

5. Acte I scène 2, et acte IV, scène 2 : de quoi accuse-t-elle Burrhus mais aussi Sénèque ?

6. Acte I, scène 2 : comment Burrhus répond-il à Agrippine ? Formulez précisément les arguments auxquels il fait appel dans la tirade située aux pages 33 à 36. Que lui reproche-t-il implicitement dans les vers 271 à 274 (p. 38) ?

7. Commentez précisément les vers 181 et 182 (p. 34). Quel rôle Burrhus s'assigne-t-il ?

Deux face-à-face intenses

Acte I, scène 2

8. Vers 142 à 168 (p. 32-33) : quelle est la nature exacte des phrases porteuses des reproches adressés à Burrhus ? Quel est l'effet ainsi créé ?

9. Comment Agrippine tente-t-elle de rabaisser Burrhus ?

Acte IV, scène 2

10. Le théâtre racinien comporte très peu de didascalies. Pourquoi Racine choisit-il de préciser, au début de la scène, qu'Agrippine s'assoit (p. 85) ?

11. Analysez la répartition de la parole dans cette scène. Comment justifier le recours aux tirades ?

12. Quelles stratégies Agrippine déploie-t-elle dans ses deux premières tirades (p. 85-89 et p. 91-92) ? Que tente-t-elle de prouver à Néron ?

13. Commentez les vers 125 et 132 dans la première réplique de Néron (p. 89-90). Que révèlent-ils du personnage ?

14. Les deux dernières répliques de Néron (p. 92-93) signent-elles vraiment sa soumission ?

Lecture d'image

« Le théâtre du temps de Molière », l'Hôtel de Bourgogne en 1647, in *Histoire du théâtre dessinée*, A. Degaine, Nizet, 1992.

15. Faites une description précise de la salle de l'Hôtel de Bourgogne.

16. Qui sont, selon vous, les personnages assis en bord de scène ?

PATRIMOINE

17. Faites des recherches sur l'histoire de l'Hôtel de Bourgogne.

HISTOIRE DES ARTS
Troupes et théâtres parisiens au XVIIe siècle

Sous l'influence de **Richelieu**, le théâtre connaît, au XVIIe siècle, une forme de réhabilitation qui va s'accompagner de la création et de la rénovation de trois grandes salles de spectacle : le **théâtre du Marais**, l'**Hôtel de Bourgogne** et le **Palais-Cardinal** qui deviendra le **Palais-Royal**. Plusieurs troupes rivalisent : la troupe du Marais, celle de l'Hôtel de Bourgogne autrement appelée Troupe Royale, et l'Illustre-Théâtre de Molière. En 1680, par ordonnance du roi, la fusion des troupes est actée. C'est la création de la **Comédie-Française**.

Étude de la langue

Grammaire

18. Quelle est la classe grammaticale du terme « on » employé aux vers 18 et 19 (acte IV, scène 2, p. 85). Qui désigne-t-il ? Commentez sa présence.

Stylistique

19. Comment s'appelle le procédé présent aux vers 251 (p. 37) et 141 (p. 90) qui consiste à désigner le peuple romain par « Rome ». Quel est l'effet ainsi produit ?

EXPRESSION

Expression écrite

Écrit argumentatif

20. « Agrippine *assiège* », telle est la formule employée par Roland Barthes dans *Sur Racine*. Montrez qu'elle prend tout son sens dans les deux scènes étudiées.

Expression orale

21. Formulez les indications (ton, attitude, gestes...) que vous donneriez à la comédienne incarnant le personnage d'Agrippine pour accompagner sa première réplique dans la scène 2 de l'acte IV.

Méthode — *Comment observer le travail d'interprétation d'un comédien*

Le comédien incarne un personnage auquel il doit donner vie sur scène afin que le spectateur entre dans la logique dramatique. L'analyse du jeu du comédien passe par la prise en compte des éléments suivants :

→ **la manière dont il occupe l'espace** du plateau : la nature de ses déplacements (lents, rapides) ou son immobilité ;
→ **les interactions** avec les autres personnages, le jeu avec les objets du décor ;
→ **les mouvements du corps**, les gestes (fluides, syncopés, désordonnés…) ;
→ **les modulations de la voix** (murmures, cris…) en rapport avec le ton adopté ;
→ **les expressions du visage** (mise en relief des émotions ou placidité, exagération des mimiques ou neutralité) ;
→ **l'appropriation du texte** et le travail de diction (rythme, travail sur la versification, etc.).

Les spectacles de Néron

LECTURE

Lecture du texte (acte II, scènes 2, 3 et 6)

La passion de Néron

1. Néron ne fait son entrée en scène qu'à l'acte II (p. 43). Comment justifier ce choix ?

2. Sur quelle révélation s'ouvre la scène 2 (p. 43-44) ? Comment Racine donne-t-il à comprendre la surprise qu'elle constitue ?

3. Quel est, ici, le rôle de Narcisse ?

4. Comment comprenez-vous la précision opérée par Néron lui-même au vers 26 (p. 44) ?

5. Quel registre littéraire domine les répliques de Néron dans la scène 2 (p. 43-51) ?

6. Néron et Junie évoquent tous deux leur amour dans la scène 3 (p. 51-59). Cet amour est-il de même nature ?

7. Scène 3 : relevez, dans les répliques de chacun des deux personnages, les marques du discours précieux. Commentez l'usage qu'ils en font.

Néron spectateur voyeur

8. Pourquoi peut-on dire des scènes 2 et 6 de l'acte II qu'elles sont symétriques ?

9. Analysez la composition de la réplique de Néron (v. 27-51, p. 44-45). Montrez qu'elle constitue une véritable hypotypose (*cf.* encadré « Méthode », p. 130).

10. Commentez l'emploi du terme « image » aux vers 42 et 49 (p. 45).

11. Dans la scène 6 de l'acte II, relevez le lexique renvoyant au thème du regard. En quoi contribue-t-il à susciter terreur et pitié ?

12. Pourquoi peut-on parler, dans la scène 6, de triple énonciation ?

13. Montrez que, dans les scènes 2 et 6 de l'acte II, Néron éprouve du plaisir dans la contemplation de la souffrance.

Néron acteur et metteur en scène

14. Montrez que, dans la scène 2, Néron a fabriqué « l'image » dont il est amoureux. Analysez en particulier les effets de mise en scène qui nourrissent le tableau au centre duquel se trouve Junie.

15. Comment se met-il lui-même en scène dans la suite de sa réplique (v. 40-50, p. 45) ? Comment interpréter, dans ce contexte, l'adresse à Narcisse (v. 51) ?

16. Quelles sont les indications de jeu que Néron donne à Junie dans la scène 3 (p. 51-59) ? Comment la « comédienne » qu'il veut faire d'elle réagit-t-elle à de tels impératifs ?

17. Montrez qu'à travers ces spectacles Néron nourrit un rêve de puissance.

Lecture d'image

Eugène Delacroix, portrait du comédien François-Joseph Talma (1763-1826) interprétant Néron dans la pièce *Britannicus* de Jean Racine, 1852-1853.

18. Dans quel mouvement artistique et culturel Delacroix s'inscrit-il ?

19. Sur quels éléments choisit-il de mettre l'accent dans la représentation du personnage de Néron ?

20. Quelles remarques vous inspirent les expressions du visage du comédien incarnant Néron ?

Étude de la langue

Versification

21. Analysez l'association, par la rime, des termes « larmes »/« armes » (v. 29-30, p. 44), « ravisseurs »/« douceurs » (v. 35-36, p. 44-45) et « grâce »/« menace » (v. 45-46, p. 45).

22. Les termes « curieux » et « lieux » (v. 27-28) doivent-ils être prononcés en diérèse ou en synérèse (*cf.* encadré p. 138) ?

23. Commentez l'association par la rime des termes « yeux » et « lieux » (v. 355-356, p. 61).

Vocabulaire

24. Quelle est l'étymologie du verbe « exciter » (v. 27, p. 44) ? Que souligne l'emploi d'un tel terme ?

25. Au vers 35 (p. 44), on trouve l'emploi du terme « ravisseurs », et au vers 37 (p. 45), l'emploi de l'adjectif « ravi ». Commentez leur association en précisant leur sens.

PATRIMOINE

26. Le tableau de l'arrivée de Junie fait référence aux effets du clair-obscur en peinture. Trouvez des tableaux de peintres ayant pratiqué cette technique.

XPRESSION

Expression écrite

Écrit d'invention

27. Imaginez le récit de l'arrivée au palais de Junie du point de vue de cette dernière.

28. Rédigez la note d'intention d'un metteur en scène pour la scène 6 de l'acte II. Imaginez les choix opérés par ce dernier en prenant soin de les justifier par un appui concret sur le texte.

Écrit d'argumentation

29. Montrez qu'à travers les mises en scène auxquelles le personnage de Néron se livre Racine interroge les pouvoirs du spectacle et la position du spectateur.

NOTIONS LITTÉRAIRES

Les caractéristiques du héros tragique

Le héros tragique est un **personnage noble** – historique ou mythologique – que le public connaît et qui se trouve confronté à des **situations exceptionnelles** dans le domaine politique et/ou amoureux. Faisant face à des choix difficiles, en proie au **dilemme**, le héros tragique se fait le médiateur d'une **réflexion sur la condition humaine** à travers la façon dont ses aspirations personnelles se heurtent aux impératifs sociaux, moraux et politiques auxquels il est censé se soumettre. Ni tout à fait innocent, ni tout à fait coupable chez Racine, le personnage tragique s'offre comme un être complexe voué au malheur. Chez Corneille, le héros tragique se révèle dans la perfection qui est la sienne, dans le bien ou dans le mal.

Méthode ***Comment analyser une hypotypose***

Une hypotypose se distingue d'une description ordinaire par sa vivacité et par la façon dont elle donne l'impression au lecteur d'avoir sous les yeux la scène décrite. Pour saisir les particularités d'un tel procédé il faut :

→ prendre en considération la **manière dont l'énonciateur se positionne** par rapport à la description qu'il opère et la façon dont il marque son implication (pronoms personnels, ponctuation expressive, adresses, etc.) ;

→ souligner les **procédés qui lui confèrent une dimension dynamique** et non statique, en particulier dans l'organisation syntaxique ;

→ définir le **scénario** qu'elle suit et la dimension presque narrative qu'elle peut revêtir ;

→ envisager les **sens** mobilisés (vue, ouïe, toucher) ;

→ souligner les **figures de style** employées qui viennent mobiliser l'imaginaire.

Raison et sentiments

LECTURE

Lecture du texte (acte III, scène 7 ; acte V, scène 1)

L'aveuglement de Britannicus

Acte III, scène 7

1. Dans quelle scène Junie et Britannicus se sont-ils vus pour la dernière fois ? Comment Britannicus nous était-il alors présenté ? A-t-il évolué au moment où s'ouvre la scène 7 de l'acte III (p. 75) ?

2. Quels sont les reproches qu'il adresse à Junie dans cette scène ? Quels éléments soulignent son manque de lucidité ?

Acte V, scène 1

3. Montrez que Britannicus est soumis à une autre forme d'aveuglement dans la scène 1 de l'acte V (p. 102-106). Analysez, en particulier le lexique employé dans les vers 31 à 38 (p. 104) et dans le vers 55 (p. 105).

La lucidité de Junie

Acte III, scène 7

4. Comment Junie réagit-elle aux accusations de Britannicus ?

5. Pages 76 et 77 : analysez l'enchaînement des répliques de Britannicus et de Junie. Que révèle-t-il du personnage de Junie ?

Acte V, scène 1

6. Montrez qu'à la confiance de Britannicus répondent les soupçons de Junie. Analysez en particulier les types de phrases qui lui sont attribuées et la série d'hypothèses formulées dans la réplique située vers 56 à 67 (p. 105).

7. Quelle image de la cour Junie dessine-t-elle ? À qui l'oppose-t-elle ?

8. Sur quels éléments la méfiance de Junie prend-elle appui ?

Un couple dans la tourmente

9. Quels sont les registres littéraires dominants dans la scène 7 de l'acte III (p. 75-78) ? En quoi sont-ils révélateurs des rapports qui existent entre Junie et Britannicus ?

10. Montrez que Junie, dans sa réplique des vers 238 à 259 (p. 77-78), présente son action comme le résultat d'une lutte intense entre raison et sentiments.

11. En quoi la scène 1 de l'acte V (p. 102-106) est-elle particulièrement tragique ?

Lecture d'image (page 133)

12. Cherchez qui est Melpomène. Identifiez-la sur la gravure.

13. Décrivez et commentez l'attitude des deux angelots. À quoi réagissent-ils ? Quel lien peut-on établir avec les objectifs de la tragédie (*cf.* encadré « Notions littéraires » ci-dessous) ?

PATRIMOINE

14. Le théâtre classique a pour modèle la tragédie grecque théorisée par Aristote dans la *Poétique*. Sur quels éléments fondamentaux ce texte met-il l'accent ?

Étude de la langue

Vocabulaire

15. Quelle est l'étymologie du mot « charme » (v. 15, p. 102) ? Que traduit l'emploi de ce terme par Britannicus ?

NOTIONS LITTÉRAIRES
Forme et fonction de la tragédie classique

L'action des tragédies classiques suit un développement en **cinq actes**, en **alexandrins**, scandé par les temps forts de l'**exposition**, du **nœud**, des **péripéties** et du **dénouement** qui confrontent les personnages à leur **destinée tragique.** La trajectoire de ces derniers permet de susciter la terreur et la pitié afin que s'accomplisse la fonction majeure de la tragédie : la ***catharsis***. Ce terme, qui signifie « purgation », désigne le processus par lequel les spectateurs, confrontés à la représentation d'émotions intenses, s'en trouvent libérés par l'effet de mise à distance permis par le spectacle.

Sébastien Leclerc, gravure ayant servi de frontispice à l'édition collective des tragédies de Racine en 1676.

Grammaire

16. Quel type de phrase domine dans la réplique de Junie des vers 238 à 259 (p. 77-78) ? Justifiez.

EXPRESSION

Expression écrite

Écrit d'argumentation

17. Pourquoi peut-on dire de l'amour qui lie Junie et Britannicus qu'il s'oppose à la passion et aux ravages dont Junie est la cause ?

Expression orale

18. Faites des recherches sur l'empereur Titus et sur la façon dont Racine le présente dans sa pièce *Bérénice*. Quelle réflexion sur le pouvoir les pièces *Britannicus* et *Bérénice* offrent-elles ?

Méthode ➤ *Comment identifier les registres littéraires*

Le registre littéraire d'un texte est défini par l'**effet qu'il produit sur le destinataire** grâce à un ensemble de procédés. La difficulté majeure dans le processus d'identification vient du fait qu'à un genre ne correspond pas un registre unique et qu'au sein d'un même extrait plusieurs registres littéraires peuvent se côtoyer.

Il faut se poser les questions suivantes.

➜ **Quel est l'effet recherché par le texte ?** Quelle émotion cherche-t-il à susciter ? Par exemple, la pitié pour le registre pathétique.

➜ **Quels sont les procédés qui participent de la création de cet effet ?** Le lexique, les figures de style, la ponctuation, etc.

➜ **À quel moment observe-t-on des variations dans l'emploi de ces procédés ?**

Le duel des frères ennemis

LECTURE

Lecture du texte (acte III, scène 8)

Un duel verbal

1. Quelle place occupe cette scène dans l'économie générale de la pièce ? Où se situe-t-elle dans la progression dramatique ?

2. Quel est le registre littéraire dominant ?

3. Analysez la répartition de la parole et l'enchaînement des répliques. Montrez que la stichomythie (*cf.* lexique, p. 157) permet de souligner la montée en puissance de la tension.

4. Quelles remarques pouvez-vous faire sur l'énonciation ? Dans quelle mesure soutient-elle les attaques proférées de part et d'autre ? Analysez, en particulier, les vers 291 et 292 (p. 80).

5. Quelle est la figure de style récurrente choisie pour figurer l'opposition ?

6. En quoi la présence essentiellement muette de Junie accroît-elle le tragique de la scène ?

Un conflit politique et amoureux

7. Montrez que la progression de la scène permet de passer du domaine politique au domaine amoureux.

8. Montrez que les vers 279 et 280 (p. 79) constituent une attaque en règle de la légitimité politique de Néron.

9. Quelles sont les accusations proférées par Britannicus, tant sur le plan politique qu'amoureux ?

10. Quels vers sont les plus révélateurs de la conception que Néron a du pouvoir ?

11. Pourquoi peut-on dire de Britannicus qu'il affiche ici un certain courage ? Sort-il vainqueur ou vaincu de cet échange ?

12. Comment comprendre l'hésitation finale des gardes ?

Lecture d'image

13. Analysez la répartition des personnages autour du corps de Germanicus. En quoi joue-t-elle d'un effet de contraste ?

14. Que signifie, selon vous, le bras levé de l'un des soldats présents au premier plan ?

Nicolas Poussin, *La Mort de Germanicus*, 1628.
Germanicus est le père d'Agrippine et le neveu et fils adoptif de l'empereur Tibère ; il a probablement été empoisonné.

PATRIMOINE

15. Cherchez d'autres tableaux de Nicolas Poussin représentant des épisodes de l'histoire romaine.
Que privilégie-t-il dans la composition de ses œuvres ?

16. Pierre Paul Rubens est un peintre baroque.
Quelle querelle l'a opposé à Poussin au XVIIe siècle ?

Étude de la langue

Versification

17. Quel procédé pouvez-vous relever aux vers 285 et 286 (p. 80) ? Commentez l'effet produit.

18. Quel autre procédé retrouve-t-on dans les vers 286 à 288 ? Que vise-t-il à mettre en relief ?

19. Vers 306 (p. 81) : le verbe « épier » doit-il être prononcé en diérèse ou en synérèse (*cf.* encadré « Méthode », p. 138) ?

EXPRESSION

Expression écrite

Écrit d'invention

20. Junie rend compte à Agrippine du duel verbal auquel elle vient d'assister. Elle insiste sur la montée en puissance de la tension qui a conduit Néron à révéler son vrai visage.

Expression orale

Débat

21. Néron déclare au vers 296 : « Heureux ou malheureux, il suffit qu'on me craigne. » L'exercice du pouvoir peut-il se fonder exclusivement sur la crainte suscitée ?

HISTOIRE DES ARTS

La peinture d'histoire au XVIIe siècle

La peinture d'histoire est considérée comme le genre majeur dans la hiérarchie des genres établie à l'époque classique. Elle privilégie les **sujets nobles empruntés à l'histoire, à la religion ou à la mythologie**. Parmi ses plus grands représentants, on trouve, au XVIIe siècle, les peintres **Nicolas Poussin** et **Charles Le Brun**, lequel fut chargé de la décoration du château de Versailles. Synonyme de **rigueur** et d'**ambition culturelle**, la peinture d'histoire domine l'esthétique picturale jusqu'au XIXe siècle.

Méthode ▶ *Comment lire un texte théâtral versifié*

La lecture de tout texte littéraire témoigne de la compréhension que l'on en a et du sens que l'on est capable de lui donner. Lorsque l'on est confronté à un texte théâtral versifié, plusieurs aspects techniques sont à considérer :

➜ ne pas lire les didascalies ni le nom des personnages (c'est valable pour tout texte théâtral) ;

➜ préparer soigneusement sa lecture en **comptant les syllabes des vers** en suivant la règle du « e » muet et en se demandant, lorsqu'il y a une diphtongue (groupe de deux voyelles comme dans les mots « pitié », « lieu », « lion »), si elle doit être prononcée en **diérèse** (dissociation des deux voyelles pour les prononcer en deux syllabes) ou en **synérèse** (fusion des deux voyelles en une seule syllabe) ;

➜ identifier le **rythme des vers** en plaçant les accents et en mettant en relief les procédés de rejet et d'enjambement ;

➜ réfléchir aux **intonations** à donner, aux effets de mise en relief souhaités ;

➜ repérer les moments correspondant à des **pauses**, des silences.

Figures du pouvoir : Narcisse et Burrhus

LECTURE

Lecture du texte (préface ; acte IV, scènes 3 et 4)

Deux figures opposées ?

1. Comment Narcisse et Burrhus sont-ils présentés dans la liste des personnages (p. 24) ? Les positions qu'ils occupent sont-elles équivalentes ?

2. De quelles façons Racine définit-il ces deux personnages dans la seconde préface de 1676 (p. 19-23) ?

3. Retrouve-t-on cette répartition des rôles dans les scènes 3 et 4 de l'acte IV (p. 93-101) ?

4. Comment Burrhus marque-t-il son indignation dans les vers 229 à 233 (p. 94) ? Pourquoi peut-on dire qu'il apparaît comme quelque peu naïf dans les vers 207 à 211 (p. 93) ?

5. Sous quel jour Narcisse apparaît-il dans la première réplique de la scène 4, vers 293 à 298 (p. 97) ?

6. Qu'est-ce qui, cependant, rapproche les deux figures de conseiller ? Analysez en particulier la répartition de la parole dans chacune des deux scènes. Que constatez-vous ?

Les stratégies des conseillers

Scène 3

7. Page 95, comparez les vers 244 et 246. Pour quelle raison Burrhus plaide-t-il pour la vertu ?

8. Pages 95-96 : pourquoi peut-on parler, pour cette tirade de Burrhus, d'une rhétorique pathétique ?

9. Que fait Burrhus à la fin de la tirade (p. 96) ? Cette démarche vous apparaît-elle sincère ? Qu'en sera-t-il, concrètement, dans la pièce ?

Scène 4

10. Selon Narcisse, sur quoi le pouvoir doit-il reposer ?

11. Quelle image de Néron dresse-t-il ? À quelles fins ? Analysez en particulier l'insinuation formulée au vers 317 (p. 98) et la réaction qu'elle suscite chez Néron au vers 318 (p. 99).

Scènes 3 et 4

12. Pourquoi peut-on cependant parler d'une ressemblance certaine entre la tirade de Burrhus et celles de Narcisse ?

13. À quels moments et pour quelles raisons Burrhus et Narcisse font-ils parler d'autres personnages au sein de leur propre discours ? Commentez les choix opérés.

Néron sous influence ?

14. Comparez l'attitude de Néron face à ses conseillers dans les deux scènes.

15. Le discours de Burrhus a-t-il un impact sur Néron ? Quels sont les éléments qui sont susceptibles de le prouver dans la scène 3 comme dans la scène 4 ?

16. Comment Racine montre-t-il que le discours de Narcisse parvient à s'insinuer progressivement dans l'esprit de Néron ? Concentrez-vous sur la nature et la forme des répliques de ce dernier.

17. Comment interpréter la réplique de Néron qui clôt la scène 4, au vers 382 (p. 101) ?

Lecture d'images

Couverture de l'ouvrage

18. Comment la couronne de laurier portée par Messaline est-elle mise en valeur ?

19. Que porte Britannicus, qui est placé à droite de Messaline ? Pourquoi ?

***Néron et Agrippine* de P. Negri**

20. Analysez avec précision la composition du tableau. Quels en sont les différents plans ? Comment Agrippine et Néron sont-ils mis en valeur ?

21. Décrivez précisément le corps d'Agrippine. Pourquoi Negri a-t-il fait le choix de la nudité ? Cette représentation vous semble-t-elle réaliste ?

Pietro Negri, *Néron et Agrippine*, vers 1675-1679.
Néron contemple le cadavre de sa mère Agrippine qu'il vient de faire tuer.

Étude de la langue

Versification

22. Commentez l'alliance, par la rime, des termes « gloire » et « noire » aux vers 277 et 278 (p. 96).

Stylistique

23. Quelle est la figure de rhétorique utilisée par Narcisse aux vers 303 et 304 (p. 98) ? Commentez ce choix.

Grammaire

24. Relevez les occurrences du pronom indéfini « on » dans l'ensemble des deux scènes. Commentez ses emplois.

25. Commentez la construction grammaticale du vers 358 (p. 100) : « J'ai promis à Burrhus, il a fallu me rendre. »

PATRIMOINE

26. Narcisse et Burrhus jouent des rôles clés dans la pièce. Sénèque, quant à lui, est absent mais souvent cité lorsqu'il est question de Burrhus. Qui était-il ? Quel type de politique incarnait-il ?

27. Qui sont Richelieu et Mazarin ? Dans quelle mesure ont-ils contribué à renforcer l'autorité royale au cours du XVIIe siècle ?

EXPRESSION

Expression écrite

Écrit d'invention

28. Jean Rohou, dans un article publié dans *L'Information littéraire* en 1974, évoque « les complaisances du vertueux Burrhus ». Rédigez un paragraphe argumentatif soulignant les ambiguïtés du personnage en vous appuyant sur ce qu'en dit Narcisse à la scène 4, mais aussi sur ce que vous savez du personnage dans l'intégralité de la pièce.

CONTEXTUALISATION
Politique et machiavélisme

Le terme « machiavélisme » est forgé à partir du nom de **Nicolas Machiavel**, penseur italien dont les ouvrages de théorie politique, écrits au début du XVIe siècle, sont inspirés par sa lucidité sur la nature humaine. Dans *Le Prince*, il défend en particulier l'idée d'une politique fondée moins sur la vertu que sur l'efficacité visant à la **conquête** mais aussi à la **préservation du pouvoir**. Le machiavélisme est ainsi défini comme une attitude cynique et manipulatrice qui consiste à agir sans scrupules au nom des intérêts supérieurs du prince ou de l'État.

Commentaire littéraire

29. Rédigez un axe de commentaire portant sur la tirade de Burrhus (p. 95-96) pour en souligner l'efficacité rhétorique.

Expression orale

Débat

30. Imaginez un débat entre un partisan d'un gouvernement vertueux et un défenseur d'une politique rimant avec machiavélisme (*cf.* encadré « Contextualisation », p. 142). Puisez vos arguments dans les scènes 3 et 4.

Méthode *Comment définir le rôle du confident*

Le confident est un emploi récurrent dans la tragédie. Il occupe une fonction cruciale car il recueille les confidences du héros, donnant ainsi l'impression au spectateur d'accéder aux motivations et à l'intériorité du personnage tragique. Pour saisir la fonction d'un tel personnage, il faut :

➜ **repérer les scènes** dans lesquelles l'échange entre le héros et son confident est privilégié, ainsi que **leur place dans le déroulement de l'action tragique** (exposition, nœud, etc.) ;

➜ préciser la **nature de la relation** qui unit les deux personnages (nourrice, gouverneur…) ;

➜ analyser la **répartition de la parole** et les modalités de l'échange (logique question-réponse, argumentation, échange polémique, etc.) ;

➜ définir ensuite si le confident sert de simple réceptacle à la parole ou s'il la suscite ;

➜ analyser les **répercussions** de l'échange sur l'attitude et les décisions prises dans les scènes suivantes.

Le dénouement

LECTURE

Lecture du texte (acte V)

Du bonheur au malheur

1. L'acte IV se ferme sur une formule énigmatique prononcée par Néron (p. 101, v. 382). Comment le spectateur est-il susceptible de réagir en entendant la tirade de Britannicus à la scène 1 de l'acte V (p. 102-103) ?

2. Comment Junie réagit-elle à l'enthousiasme de Britannicus dans cette scène ? Commentez le changement radical de rythme entre la première réplique et les deux suivantes (p. 102-103).

3. Sur quoi les doutes de Junie se fondent-ils ? Sur quoi l'assurance de Britannicus repose-t-elle ?

4. Scène 3 : la tirade d'Agrippine (v. 103-130, p. 107-108) est-elle censée rassurer Junie et le spectateur ? Quels pouvoirs met-elle en avant ?

5. Quel est l'intérêt dramatique de cette scène 3 qui constitue l'unique face-à-face entre Agrippine et Junie ?

6. Quels vers annoncent un nouveau coup de théâtre (p. 108) ?

De la confusion à l'horreur

7. En quoi la scène 4 constitue-t-elle une authentique rupture ? Commentez, en particulier, le rythme et la nature des répliques.

8. Pourquoi Racine ne représente-t-il pas directement l'assassinat de Britannicus ?

9. Dans la scène 5 (p. 109-111), comment Burrhus parvient-il cependant à donner à voir ce qui s'est passé ?

10. Montrez que l'empoisonnement de Britannicus a obéi à une véritable mise en scène. Analysez les rôles joués par Néron, Narcisse et les courtisans.

Des personnages métamorphosés ?

11. Dans quelle mesure la scène 6 (p. 111-114) signe-t-elle la métamorphose des personnages de Néron et d'Agrippine ?

Quel personnage apparaît, en revanche, plus que jamais fidèle à lui-même ?

12. Quelle remarque pouvez-vous faire sur l'énonciation dans la tirade d'Agrippine (vers 192-214, p. 113-114) ? Commentez ce choix.

13. Comment expliquer l'accès de fureur de Néron dans la scène 8 ? Commentez, en particulier, le vers 276.

14. Quelle est la statue sur laquelle Junie verse des larmes (p. 116) ? En quoi ce choix est-il symbolique ?

15. Le sort de tous les personnages est-il fixé quand se clôt la dernière scène ? Commentez, en ce sens, l'ultime vers prononcé par Burrhus (vers 288, p. 118). Montrez qu'il place toute la pièce sous le signe d'une ironie tragique dont vous chercherez les marques dans l'intégralité de l'acte.

Lecture d'image

Joseph Noël Sylvestre (1847-1926),
Locuste essayant en présence de Néron le poison préparé pour Britannicus, 1876.

16. Comment la noirceur du projet de Néron est-elle mise en relief par la composition du tableau ?

17. Cette œuvre a été exposée au Salon de 1876 et commentée par Zola. Retrouvez le jugement alors porté sur le peintre.

Étude de la langue

Grammaire

18. Quelle est la valeur du présent dans les vers 141 à 162 (p. 110-111) ? Justifiez ce choix.

19. Quelle est la valeur du futur dans la tirade d'Agrippine (v. 192-214, p. 113-114) ?

20. Vers 143 à 145 (p. 110) : comment les paroles de Néron sont-elles retranscrites ? À quelles fins ?

Vocabulaire

21. Quelle est l'étymologie du mot « profane » (v. 270, p. 117) ? Justifiez son emploi dans le contexte.

PATRIMOINE

22. Les « vierges » mentionnées au vers 264 (p. 116) sont les vestales. Qui étaient-elles ?

23. Quelles sont les autres scènes d'empoisonnement célèbres dans le théâtre classique ?

EXPRESSION

Expression écrite

Écrit d'invention

24. Junie, après le meurtre de Britannicus, se souvient des ultimes paroles qu'elle lui a adressées : « Et si je vous parlais pour la dernière fois ! » (v. 66, p. 105) Confrontée à la vérité de ses ultimes mots, elle imagine ce qu'elle aurait pu lui dire pour l'empêcher de rejoindre Néron.

Écrit d'argumentation

25. Racine justifie son choix de ne pas représenter la mort de Britannicus sur scène. Ses arguments sont, pour une part, empruntés aux règles de représentation de l'époque classique mais révèlent aussi un parti pris esthétique.

Expression orale

26. En vous appuyant sur le récit fait par Burrhus de l'assassinat de Britannicus, proposez des éléments de mise en scène pour représenter cet épisode.

NOTIONS LITTÉRAIRES
La bienséance classique

La règle majeure que se fixe le théâtre au XVIIe siècle est celle de l'impératif du **« plaire et instruire »**, représentatif de l'esthétique classique.
Sur la scène, il faut accorder le spectacle avec les exigences morales et intellectuelles du public. La **bienséance externe** correspond au désir de ne jamais choquer sa sensibilité et ses principes moraux ; raison pour laquelle toute représentation de la sexualité ou du crime est bannie. Le récit se substitue alors à l'action. La **bienséance interne** assure quant à elle la conformité des personnages avec l'histoire ou la légende et garantit leur cohérence tout au long de l'action dramatique.

Méthode — *Comment étudier la fonction d'un récit dans une tragédie*

Un récit permet d'évoquer par les mots ce qui ne doit pas ou ne peut être représenté sur scène pour des questions d'**ordre pratique** (il s'agit d'événements antérieurs à ceux de l'action), de **vraisemblance** ou de **bienséance**, comme le souligne Boileau dans son *Art poétique* : « Ce qu'on ne doit point voir, qu'un récit nous l'expose. » Pour analyser l'intérêt d'un récit, on doit :
→ **repérer sa place** dans l'économie générale de la pièce (dans l'exposition, par exemple, il permet de livrer des informations appartenant à un cadre spatio-temporel autre) ;
→ **interroger la nécessité du récit** ;
→ **analyser** tous les procédés destinés à lui conférer **rythme**, **intérêt pour le spectateur** auprès duquel il doit agir en suscitant pitié, terreur, etc. ;
→ **comprendre ce qu'il nous révèle du personnage** qui le prononce et de ses intentions.

Le monstre Néron : entre fascination et répulsion

1. Récit historique

TACITE (né vers 55 et mort vers 120 apr. J.-C.), *Annales*, 115-117, traduction d'après Burnouf, revue par H. Bornecque, 1933.

L'historien Tacite retrace, dans ses Annales, *le règne de quatre empereurs, dont celui de Néron.*

Pendant les fêtes consacrées à Saturne, les deux frères jouaient avec des jeunes gens de leur âge, et, entre autres jeux, on tirait au sort la royauté ; elle échut à Néron. En conséquence, il donna aux autres des ordres dont ils pouvaient s'acquitter sans rougir ; pour Britannicus, il lui ordonna de se lever, de s'avancer au milieu de l'assemblée et de chanter quelque chose. Il comptait faire rire aux dépens d'un enfant étranger aux réunions les plus sobres, et plus encore à celles où l'on s'enivrait. Britannicus, sans se déconcerter, se mit à chanter des vers dont le sens rappelait qu'il avait été précipité du trône paternel et du rang suprême. On s'attendrit [...]. Néron comprit qu'il s'était rendu impopulaire, sa haine redoubla, et, [...] comme il n'y avait pas moyen d'accuser Britannicus, et que Néron n'osait publiquement commander le meurtre d'un frère, il agit en secret et fait préparer du poison.

QUESTIONS

1. **Montrez de quelle façon Tacite joue du contraste entre l'innocence de la jeunesse et la cruauté de Néron.**
2. **De quelle façon Britannicus est-il présenté ?**
3. **Comment Néron exerce-t-il le pouvoir ? Dans quelle mesure Tacite le présente-t-il comme une incarnation de la lâcheté et de la cruauté ?**

2. Roman historique

ALEXANDRE DUMAS (1802-1870),
***Acté*, 1838.**

Originaire de la ville de Corinthe, la jeune Acté s'est éprise de l'un des concurrents venus participer aux Jeux néméens[1] *dans sa ville. Il s'agit d'un certain Lucius. Revenue à Rome avec son amant, elle découvre, horrifiée, que Lucius est en fait Néron. Elle n'est cependant pas au bout de ses surprises lorsqu'elle engage un dialogue avec une étrange inconnue.*

– Et maintenant, reprit l'étrangère avec un regard plus fixe et une voix plus vibrante encore, tu sais que c'est Néron ; mais sais-tu ce que c'est que Néron ?
– J'ai été habituée à le regarder comme un dieu, répondit Acté.
– Eh bien, continua l'inconnue en s'asseyant, je vais te dire ce qu'il est, car c'est bien le moins que la maîtresse connaisse l'amant, et l'esclave le maître.
– Que vais-je entendre ? murmura la jeune fille.
– Lucius était né loin du trône : il s'en rapprocha par une alliance, il y monta par un crime.
– Ce ne fut pas lui qui le commit, s'écria Acté.
– Ce fut lui qui en profita, répondit froidement l'inconnue. D'ailleurs, la tempête qui avait abattu l'arbre avait respecté le rejeton. Mais le fils alla bientôt rejoindre le père : Britannicus se coucha près de Claude, et cette fois-ci, ce fut bien Néron qui fut le meurtrier.
– Oh ! qui peut dire cela ? s'écria Acté ; qui peut porter cette terrible accusation ?

1. *Jeux néméens* : une des quatre grandes compétitions sportives et musicales dans la Grèce antique.

– Tu doutes, jeune fille ? continua la femme inconnue, sans que son accent changeât d'expression, veux-tu savoir comment la chose se fit ? Je vais te le dire. [...]

[L'inconnue fait un récit détaillé des circonstances de la mort de Britannicus.]

– Impossible ! impossible ! s'écria Acté, tu le calomnies !

– Tu te trompes, jeune fille, je dis à peine la vérité.

– Mais comment ne te punit-il pas de révéler de pareils secrets ?

– Cela pourra bien m'arriver un jour, et je m'y attends.

– Pourquoi alors t'exposes-tu ainsi à sa vengeance ?...

– Parce que je suis peut-être la seule qui ne puisse pas la fuir.

– Mais qui donc es-tu ?

– Sa mère !

– Agrippine ! s'écria Acté, s'élançant hors du lit et tombant à genoux, Agrippine ! la fille de Germanicus !... sœur, veuve et mère d'empereur !...

QUESTIONS

1. **Sur quel effet d'attente le texte repose-t-il ?**

2. **Comment Dumas joue-t-il du dialogue pour focaliser l'attention du lecteur sur Néron ?**

3. **Commentez la nature et la forme des réactions d'Acté.**

4. **Montrez que la révélation finale rapproche les figures de la mère et du fils.**

3. Film

MERVYN LEROY (1900-1987)
Quo vadis, 1951.

Peter Ustinov incarne Néron dans l'adaptation cinématographique du roman d'Henryk Sienkiewicz, Quo vadis, *paru en 1896, et qui avait valu à son auteur l'obtention du prix Nobel de littérature en 1905.*

QUESTIONS

1. Analysez brièvement la composition de cette photographie. Que cherche-t-elle à mettre en relief ?

2. Quelles caractéristiques du personnage se voient soulignées ?

3. Pourquoi peut-on parler d'une forme de théâtralisation ?

LEXIQUE

A

Abyme (mise en) : procédé qui consiste à insérer une œuvre dans une autre (théâtre dans le théâtre, roman dans le roman, tableau dans un tableau...).

Acmé : au théâtre, paroxysme de l'intrigue, tension extrême.

Allégorie : figure de style dans laquelle une notion abstraite est représentée sous une forme concrète.

Allitération : effet sonore créé par la répétition d'une ou plusieurs consonnes dans une suite de mots proches.

Analepse : dans un récit, retour en arrière pour rappeler des événements passés.

Anaphore : figure de style dans laquelle le même mot (ou le même groupe de mots) est repris en début de phrase ou de vers.

Antiphrase : figure de style dans laquelle est sous-entendu le contraire de ce qui est dit ou écrit (procédé essentiel de l'ironie).

Antithèse : figure de style dans laquelle des mots ou des expressions d'une même phrase s'opposent (voir *oxymore*).

Aparté : au théâtre, paroles prononcées par un personnage et destinées à être entendues uniquement par le public.

Apologue : court récit à visée didactique ou morale (fable, conte...).

Apostrophe : figure de style dans laquelle une personne, un animal ou une chose (présente ou absente) est interpellée directement.

Assonance : effet sonore produit par la répétition d'une ou plusieurs voyelles dans une suite de mots proches.

C

Catharsis : fonction majeure de la tragédie. Le spectateur se libère de ses passions au travers de la représentation théâtrale.

Champ sémantique : ensemble des sens d'un mot selon différents contextes.

Connecteur logique : mot de liaison invariable qui marque les étapes d'une argumentation.

Connotation : signification secondaire associée au sens premier d'un mot (voir *dénotation*).

D

Délibératif (monologue) : dans la tragédie, longue tirade dans laquelle un personnage, confronté à un choix, hésite entre plusieurs voies possibles.

Dénotation : sens premier d'un mot ; celui qui est donné dans le dictionnaire (voir *connotation*).

Dénouement : au théâtre, fin de l'action, résolution de l'intrigue. Par extension, fin d'une histoire.

Didascalies : au théâtre, ensemble des informations données par l'auteur en dehors des répliques (lieu, époque, décors, indications de mise en scène, noms, attitudes des personnages...).

Discours : le type de discours varie selon les intentions d'un auteur (discours narratif, explicatif, argumentatif, descriptif, injonctif).

Discours rapportés : discours direct, indirect, indirect libre, narrativisé.

E

Ellipse narrative : dans un récit, événement(s) non rapporté(s) dans la narration.

Énonciation : fait de produire un discours. Ensemble des conditions dans lesquelles cet énoncé est produit (locuteur, destinataire, lieu, époque, visée des propos). Au théâtre, on parle de « **double énonciation** » car les paroles d'un personnage sont destinées aux autres personnages présents sur scène, mais également aux spectateurs. L'auteur de la pièce s'adresse, lui aussi, au public au travers de son texte.

Euphémisme : figure de style dans laquelle une réalité, considérée comme choquante ou déplaisante, est atténuée (ex. : « non-voyant » pour « aveugle »).

Excipit : dernières lignes, fin d'une œuvre.

Exergue (mettre en) : placer au début d'un texte pour présenter, expliquer (citation...).

Exposition : première(s) scène(s) d'une pièce de théâtre qui présente(nt) les personnages et l'enjeu de l'action.

F

Focalisation (ou point de vue) : angle de vue du narrateur sur les événements et les personnages d'un récit.

Focalisation externe : narration neutre et objective. Seuls les apparences et l'aspect extérieur des événements sont rapportés, comme si une caméra filmait l'action.

Focalisation interne : narration subjective. Les événements sont vus et analysés au travers du regard et du jugement d'un seul personnage.

Focalisation zéro : le narrateur est omniscient, il connaît tout sur les personnages (leurs pensées, leurs émotions...).

G

Gradation : figure de style dans laquelle les mots sont ordonnés selon une progression ascendante (du plus faible au plus fort) ou descendante (du plus fort au plus faible).

H

Hyperbole : figure de style dans laquelle une idée est mise en relief au travers de l'amplification, de l'exagération.

Hypotexte : texte source qui sert de point de départ à une réécriture (le texte produit est l'**hypertexte**).

Hypotypose : description vivante et d'une grande intensité qui donne l'impression au lecteur d'assister à la scène décrite.

I

Incipit : premières lignes, début d'une œuvre.

Intertextualité : dans un texte littéraire, ensemble des références, implicites ou explicites, à un ou plusieurs autres textes.

Introspection : réflexion sur soi, sur son être intérieur.

L

Locuteur : émetteur ou producteur d'un message (énoncé) adressé à un destinataire.

M

Métaphore : figure de style dans laquelle deux idées sont rapprochées, sans terme comparatif (ex. : « Votre âme est un paysage choisi », Verlaine).

Métonymie : figure de style dans laquelle un élément (être, objet, lieu...) est désigné par un autre en rapport avec lui (ex. : contenu désigné par le contenant).

Modalisateurs : ensemble des termes (verbes, adverbes, lexique valorisant, dévalorisant...) qui indiquent le jugement porté par le locuteur (argumentation).

Monologue intérieur : procédé narratif qui consiste à rapporter les pensées d'un personnage.

N

Narrateur : celui qui raconte l'histoire (à distinguer de l'auteur).

Nœud : au théâtre, point central d'une intrigue, moment où les personnages se heurtent à des difficultés majeures.

O

Oxymore : figure de style dans laquelle deux termes de sens contraire sont placés côte à côte.

P

Parabole : récit allégorique qui permet de dispenser un enseignement moral ou religieux.

Paradoxe : proposition contraire à la logique, au sens commun.

Paratexte : ensemble des éléments qui entourent le texte (nom de l'auteur, titre, préface, notes...).

Parodie : imitation dans un but comique.

Pastiche : écriture « à la manière de », imitation du style d'un auteur.

Périphrase : figure de style dans laquelle un mot est remplacé par une expression qui insiste sur ses caractéristiques.

Polysémie : caractère d'un mot ou d'une expression qui a plusieurs sens.

Prolepse : dans un récit, anticipation d'une situation à venir.

Q

Question oratoire (ou rhétorique) : fausse interrogation, question qui n'attend pas de réponse.

Quiproquo : malentendu, méprise (effet comique au théâtre).

R

Registre littéraire : désigne l'ensemble des moyens utilisés par l'auteur pour susciter un effet particulier, une émotion face à un texte. Les registres sont divers : comique, tragique, lyrique, épique, polémique, pathétique, satirique, didactique, épidictique (admiration ou blâme).

S

Satire : critique par le rire d'un fait de société, d'une idée, d'un vice humain, etc.

Schéma actantiel : schéma qui présente l'ensemble des rôles (**actants**) et leurs relations. Un récit est considéré comme la **quête** d'un objet par un sujet. Le **destinateur** incite le sujet (le héros) à poursuivre cette quête, qui doit bénéficier à des **destinataires**. Le **sujet** peut être aidé par des personnages (**adjuvants**) ou au contraire, il peut rencontrer des adversaires (**opposants**).

Schéma narratif : schéma qui détermine la structure d'un récit : situation initiale, événement perturbateur, péripéties, élément de résolution et situation finale.

Stichomythie : au théâtre, dialogue vif avec des répliques très courtes.

T

Thèse : point de vue défendu, opinion soutenue (dans un texte argumentatif).

Tirade : au théâtre, longue suite de phrases prononcées par un personnage.

Topos : (du grec « lieu ») cliché, lieu commun dans la littérature (ex. : le thème récurrent de la rencontre amoureuse). Au pluriel : **topoï**.

Conception graphique : Muriel Ouziane et Yannick Le Bourg
Édition : Charlotte Cordonnier
Illustrations des frises : Benjamin Strickler
Réalisation : Nord Compo, Villeneuve-d'Ascq
Crédits iconographiques : Couverture : © BNF – Rabat : © Bridgeman Images – p. 5 : © RMN-Grand Palais (musée de Port-Royal des Champs/Gérard Blot) – p. 7 : © Bridgeman Images – p. 120 : DR – p. 124 : DR – p. 128 : © Photo Josse/Leemage – p. 133 : © Bridgeman Images – p. 136 : © Photo Josse/Leemage – p. 141 : © Musée et Fondation Calvet, Avignon – p. 145 : akg-images/Album/Prisma – p. 152-153 : © TCD.

www.classiquesetpatrimoine.magnard.fr

Achevé d'imprimer en juin 2015
par «La Tipografica Varese Srl», Italie
N° éditeur : 2015-0331
Dépôt légal : juin 2015